BULLETIN

DE LA

SOCIÉTÉ DES SCIENCES

HISTORIQUES & NATURELLES

DE LA CORSE

XIXᵉ ANNÉE
MARS à OCTOBRE 1899.
219ᵉ-220ᵉ-221ᵉ-222ᵉ-323ᵉ 224ᵉ-225ᵉ-226ᵉ FASCICULES.

BASTIA
IMPRIMERIE ET LIBRAIRIE OLLAGNIER
—
1890.

SOMMAIRE

DES ARTICLES CONTENUS DANS LE PRÉSENT BULLETIN

Pages

Procès-Verbaux des Assemblées générales des Etats de Corse, ten es à Bastia de 1770 à 1784. — 2e vol., publiés par M. A. DE MORATI . . . 261 + 416

Pour paraître prochainement:

Correspondance des Agents de France à Gênes avec le Ministère (ann. 1730 et suiv.), publiée par M. l'Abbé LETTERON.

Lettres de Paoli, Ve Série, publiées par M. le docteur PERELLI.

Osservazioni storiche sopra la Corsica dell Abbate Ambrogio Rossi, Livre IX, 1745 1752, publié par M. l'Abbé LETTERON.

Aperçu historique. Les Milanais en Corse: Une investiture de fief par François Sforza, publié par M. A. DE MORATI.

Lettres de l'amiral Nelson pendant sa croisière sur les côtes de Corse. — Traduction de l'anglais, par M. SÉBASTIEN DE CARAFFA, Avocat.

Lettres diplomatiques de A. P. Sorba. (Avril 1763 à Août 1764), publiées par M. l'Abbé PH.-GRÍGOIRE MARINI, moine bénédictin.

Procès-Verbaux des Assemblées générales des Etats de Corse, tenues à Bastia de 1770 à 1784, 3e vol., publiés par M. A. DE MORATI.

PROCÈS-VERBAL

DE

L'ASSEMBLÉE GÉNÉRALE DES ÉTATS DE CORSE

SOCIÉTÉ DES SCIENCES HISTORIQUES ET NATURELLES
DE LA CORSE

PROCÈS-VERBAL

DE

L'ASSEMBLÉE GÉNÉRALE DES ÉTATS DE CORSE

TENUE A BASTIA

DU 25 MAI AU 22 JUIN 1775

PUBLIÉ

par M. A. DE MORATI

Vol. II.

BASTIA
IMPRIMERIE ET LIBRAIRIE OLLAGNIER
1897

Séance du 25 Mai au matin.

Monseigneur Louis-Charles-René, Comte de Marbeuf, premier Gentilhomme du feu Roi de Pologne, Duc de Lorraine et de Bar, Lieutenant de Roi des quatre Evêchés de la Haute-Bretagne, Commandeur de l'ordre Royal et Militaire de Saint Louis, Lieutenant Général des Armées du Roi et au Gouvernement de l'Ile de Corse, Commandant en chef en ladite Ile et autres en dépendantes et Commissaire du Roi, présidant ladite Assemblée des Etats ;

Et Monseigneur Claude-François Bertrand de Boucheporn, Chevalier, Conseiller du Roi en ses Conseils, Maître des Requêtes ordinaire de son Hôtel, Intendant de Justice, Police, Finances, Fortifications, Vivres près de ses Troupes et Commissaire départi par Sa Majesté pour l'exécution de ses ordres dans l'étendue de l'Ile de Corse et autres en dépendantes, Ordonnateur, Conservateur et Réformateur général des Bois et Forêts de ladite Ile et autres en dépendantes, aussi Commissaire du Roi à ladite Assemblée des Etats.

Nosdits Seigneurs Comte de Marbeuf et Bertrand de Boucheporn, assistés du Sieur Laurent Giubega, Greffier en chef des Etats, et accompagnés de Monseigneur Guasco, Evêque de Sagone, de Monseigneur Cittadella, Evêque du Nebbio, nommé à l'Evêché de Mariana et Accia, de M. l'Abbé Santini, nommé à l'Evêché du Nebbio, (Monseigneur Doria, Evêque d'Ajaccio, absent pour cause de maladie et représenté par M. l'Abbé d'Astier, son Grand-Vicaire, et Monseigneur de Guernes, Evêque d'Aleria, absent à cause des visites dans son Diocèse et représenté par M. l'Abbé Guignod, son Grand Vicaire), de MM. Jean-Victor Pietri et Jean-Baptiste Baciocchi, membres de la commission des Douze Nobles, de MM. Julien Guidoni, Piévan de Tavagna, Charles Gavini, Piévan de Rostino, Félix Valentini, Curé de Bigorno, Députés Ecclésiastiques de la Province de Bastia, de MM. Cosme-Marie Casalta, André Antoni, Raphaël Casabianca, Louis Belgodere de Bagnaja, Philippe Costa, Ange-Louis Corsi, Députés Nobles, MM. Pierre-François Rigo, Antoine Campocassso, André Biuglia, Antoine-Martin Calendini, Antoine-Jacques Valentini, Antoine Gavini, Députés du Tiers-Etat de la Province de Bastia, de MM. François-Marie Susini, Piévan d'Ornano (MM. Joseph-Marie Carbuccia, Piévan de Tavera, et Jean-Antoine Brasca, Curé d'Occana, morts), de MM. Pierre-Marie Colonna d'Ornano, Annibal Folacci et Jean-Baptiste Folacci, Députés Nobles de la Province d'Ajaccio, de MM. Jacques-Saint Muzzoli, Alphonse Pietri, Xavier Pozzodiborgo, Charles-Jérôme Tusoli, (Julien Graziani, absent pour cause de maladie, Noël Gentile absent, Innocent Cuttoli mort), Députés du Tiers-Etat de la Province d'Ajaccio, de MM. Martin Melia, Archiprêtre de Bonifacio, François-Antoine Quilici, ancien Piévan de Portovecchio, Députés Nobles, de MM. Simon-François Galloni (Valère Comiti absent pour cause de maladie), Députés du Tiers-Etat de la Province de Sartene, de MM. François Poletti, Piévan d'Ostriconi, Député Ecclésiastique de la Province de Balagne, de MM. Marc-Marie Carli et Louis Rosata, Députés du Tiers-Etat de la même Province de Balagne, de M. Marsilius Tiberi, Piévan de Ventiseri, Député Ecclésiastique de la Province d'Aleria, de MM.

Antoine-Louis Poli, Député Noble, et Jean-François Nicolai, Député du Tiers-Etat de ladite Province d'Aleria, de MM. Antoine-Marie Alberti, Piévan de Venaco, Dominique-Jean Emanuelli, Piévan de Vallerustie, Députés Ecclésiastiques de la Province de Corte, (absent pour cause de maladie M. Gaffori, Prévôt de Corte), de MM. François Filippi, Antoine-Julien Vincenti, Paul-Marie Rossi, Antoine-François Casanova, Jean-Baptiste Giacobbi, Placide Morachini, Députés du Tiers-Etat de ladite Province de Corte, de M. François-Marie Guidoni, Piévan de Saint-Florent, Député Ecclésiastique de la Province du Nebbio, de M. César-Mathieu Petriconi, Député Noble et de M. Limarola, Député du Tiers-Etat de ladite Province du Nebbio, de MM. Antoine Ogliastri, Curé d'Olcani et Charles-Marie Franceschi, Piévan de Canari, Députés Ecclésiastiques de la Province du Cap-Corse, de M. Antoine Antoni, Député Noble, de MM. Etienne Ferdinandi, (Jean-Baptiste Franceschi, absent et Joseph-Marie Mattei également absent pour cause de maladie), Députés du Tiers-Etat de ladite Province du Cap-Corse, et M. Antoine Villanova, Prévôt de Calenzana, Député Ecclésiastique de la Province de Calvi, de M. Paul-Baptiste Cattaneo, Député Noble et Joseph Flach, Député du Tiers-Etat de ladite Province de Calvi, de MM. François-Marie Bianchi et Bonaventure Benedetti, Députés du Tiers-Etat de la Province de Vico, (M. Jean de Lucca, Piévan de Renno et Député Ecclésiastique de ladite Province, absent pour cause de maladie).

Après avoir entendu la Messe solennelle du Saint Esprit célébrée par Monseigneur Guasco, Evêque de Sagone, attendu que le Siège Episcopal de l'Evêché de Mariana et d'Accia est vacant, dans l'Eglise paroissiale de Saint Jean-Baptiste de cette Ville, se sont rendus dans l'Eglise de la Conception, rue Saint-Nicolas, disposée pour servir de Salle d'assemblée des Etats de Corse, où étant arrivés, Nosseigneurs les Evêques se sont assis à la droite de Monseigneur le Comte de Marbeuf, après Monseigneur de Boucheporn, suivant leur ancienneté dans l'Episcopat et la date de leur Consécration, dans l'ordre suivant, savoir: M. Guasco, Evêque de Sagone, M. Cittadella, Evêque du Nebbio, nommé à l'Evêché de Mariana et Accia, M. Santini, nommé à l'Evêché du Nebbio, et pour ce qui regarde les deux Grands Vicaires, chacun d'eux prétendant la préséance, savoir: M. l'Abbé d'Astier, Grand-Vicaire d'Ajaccio, comme représentant l'Evêque doyen de cette Ile, et M. l'Abbé Guignod, comme plus ancien que M. l'Abbé d'Astier dans l'exercice actuel du Vicariat, il a été arrêté que ledit M. Astier, comme celui qui représente l'Evêque le plus ancien dans la Consécration, aura le premier rang; après quoi, M. l'Abbé Guignod a fait respectueusement les protestations que la distribution de rang qui vient d'être ordonnée ne puisse en aucun temps, ni en aucune manière, nuire aux qualités, prééminence, droits et prérogatives de son Evêque représenté, ni aux siens propres; desquelles protestations et réserves Nosseigneurs les Commissaires du Roi ont donné Acte; après quoi, MM. les Grands Vicaires ont pris séance suivant la délibération prise ci-dessus et après eux se sont assis MM. les Piévans, selon l'ancienneté de leurs Provinces respectives, savoir: ceux de Bastia, d'Ajaccio, de Sartene, de Balagne, d'Aleria, de Corte, du Nebbio, du Cap-Corse, de Calvi et de Vico, et les Piévans de la même Province ont pris place selon leur âge; à la gauche du Président, MM. les Députés de la Noblesse dans le même ordre que les Piévans, et, après les Députés du Clergé et de la Noblesse, les Députés du Tiers-Etat, savoir: à la droite MM. les Députés de la Province de Bastia et d'Ajaccio, et, à gauche, MM. les Députés des autres Provinces, le tout, conformément à ce qui a été prescrit par l'Arrêt du Conseil du Roi du 2 Novembre 1772, relativement aux assemblées générales et particulières de la Nation Corse.

Ensuite de quoi, le Sieur Giubega, Greffier en chef des

Etats, a dit que tous les Députés des Provinces ont porté au Greffe leurs pouvoirs dont par ordre de Nosseigneurs les Commissaires du Roi il a été fait lecture, et ils se sont trouvés être de la teneur exprimée et portée sur le second registre destiné à inscrire le pouvoir des Députés.

Ensuite Mgr le Comte de Marbeuf a dit, etc.

Et Mgr de Boucheporn a dit, etc.

Et en conséquence de ce qui est prescrit par Sa Majesté dans le Règlement de l'Assemblée générale des Etats de Corse, qui veut que chaque délibération soit signée par deux Députés Nobles et deux Députés du Tiers-Etat, il a été délibéré que lesdits Sieurs Evêques et Députés seront pris par ordre et suivant le rang ci-dessus ; mais, comme les Assemblées ordinaires ne doivent point être faites en présence des Commissaires du Roi, et que le plus ancien des Evêques doit les présider, cette présidence étant due à Mgr Doria, Evêque d'Ajaccio, comme le plus ancien dans l'Evêché et dans la Consécration, attendu son absence, Mgr Guasco, comme celui qui précède Mgrs les autres Evêques ici présents, y présidera. Mgrs les Commissaires du Roi ont dit que Mgr l'Evêque Président devra signer toutes les délibérations qu'on aura prises, pendant les Etats, dans les Assemblées ordinaires.

Ensuite Mgrs les Commisaires du Roi ont renvoyé l'Assemblée à demain, neuf heures du matin, et Mgrs les Commissaires du Roi, Mgrs les Evêques de Sagone et du Nebbio, MM. Jules Guidoni et Charles Gavini, Piévans, MM. Cosme-Marie Casalta et Louis Belgodere, Députés Nobles, MM. Pierre-François Rigo et Antoine Campocasso, Députés du Tiers-Etat, ont signé le Procès-Verbal de la présente Séance.

Par Nosseigneurs les Commissaires du Roi,
Signé : GIUBEGA.

Séance du 26 Mai 1775.

Nosseigneurs les Commissaires du Roi, Mgrs les Evêques, Grands-Vicaires et Députés des Etats de Corse s'étant rendus à la Salle de l'Assemblée, Nosseigneurs les Commissaires du Roi ont dit que les deux précédentes Assemblées générales ayant reconnu combien il est opposé à l'utilité et au bon ordre de divulguer les matières qui s'y traitent, ils exigèrent des sujets qui la composaient, la promesse et le serment du secret, que cette précaution qui fut utile dans les Etats derniers devient nécessaire dans les Etats actuels, dans lesquels on doit proposer et examiner les objets les plus intéressants pour la Nation : à cet effet, Mgrs les Evêques, Grands-Vicaires et Députés, conformément à ce qui a été observé dans la Séance du 2 Mai 1772 et dans la Séance du 2 Novembre 1773, ont promis et juré, savoir : Mgrs les Evêques, Grands-Vicaires et Piévans, en mettant la main sur la poitrine, et MM. les Députés Laïques, en la levant, de ne point révéler tout ce qui sera proposé, dit, fait, discuté et délibéré, de ne point divulguer les opinions et sentiments qui seront ouverts ou adoptés par qui que se soit, et d'observer exactement la Loi du secret, sans pouvoir s'en écarter directement ni indirectement, duquel serment Nosseigneurs les Commissaires du Roi ont donné acte.

Et la présente Délibération a été signée tant de Nosseigneurs les Commissaires du Roi que par MM. l'Abbé Santini, nommé à l'Evêché du Nebbio et l'Abbé d'Astier, Grand-Vicaire d'Ajaccio, par MM. Félix Valentini et François-Antoine Susini, Piévans, par MM. André Antoni et Philippe Costa, Députés Nobles, par MM. Antoine Gavini et André Biguglia, Députés du Tiers-Etat.

Par Nosseigneurs les Commissaires du Roi,
Signé : GIUBEGA.

Dudit jour 26 Mai 1775.

Monseigneur Cittadella, Evêque du Nebbio, nommé à l'Evêché de Mariana et Accia, Député à la Cour pour le Clergé, M. Annibal Folacci, Député pour la Noblesse, et M. Flach, Député du Tiers-Etat de la dernière Assemblée générale, ont fait connaître le désir qu'ils auraient de rendre compte de leur mission à cette Assemblée; il a été arrêté que MM. les Députes seront admis à rendre compte de leur Commission.

Après quoi Mgr Cittadella a dit, etc.

Copie duquel discours, signé François, Evêque du Nebbio, nommé à l'Evêché de Mariana et Accia, Folacci et Flach, a été remise sur le Bureau pour rester en dépôt au Greffe des Etats, de même que l'état des frais de différentes gratifications payées par MM. les Députés, relativement à leur Députation dont il a été ordonné lecture, lesquels frais montant à..... il a été arrêté que, conformément à la Délibération du 16 Novembre 1772, ils seront payés par la Nation à MM. lesdits Députés, en sus de ce qui leur a été accordé dans la Séance du 15 Juillet de la même année.

Après quoi, Nosseigneurs les Commissaires du Roi ont ordonné lecture des réponses de Sa Majesté relatives aux demandes contenues dans le cahier des Etats derniers, lesquelles réponses du Roi, au nombre de dix-huit, Signées LOUIS, et plus bas Du Muy, après avoir été lues à haute et intelligible voix, ont été déposées au Greffe des Etats, pour y avoir recours en cas de besoin et pour régler les Délibérations que l'Assemblée devra prendre en conséquence.

Après laquelle lecture, Nosseigneurs les Commissaires du Roi ont ajouté que, pour exécuter les volontés de Sa Majesté relativement à la nomination du Héraut d'armes et de l'Huissier des Etats, ils ont fait choix du Sieur Fabrizi pour Héraut d'armes, aux appointements de 200 livres pour chaque Assemblée générale, comme il a été fixé au feu Sieur Mancini qui en a exercé les fonctions dans les Assemblées de 1770 et de 1772, et du Sieur Lucherini pour Huissier des Etats, aux appointements de 100 livres, qu'en conséquence ils ont délivré auxdits Sieurs Fabrizi et Lucherini une Commission provisoire, pour les autoriser à remplir dans la présente Assemblée, les fonctions desdites places.

La présente Délibération a été souscrite, tant par Nosseigneurs les Commissaires du Roi que par Mgrs les Evêques et Députés qui ont signé la précédente de ce jour.

Dudit jour 26 Mai 1775.

Nosseigneurs les Commissaires du Roi ont dit que, conformément aux dispositions de l'Article 15 de l'Arrêt du Conseil d'Etat du 24 Octobre 1772, les premières Séances des Etats devant être employées à traiter de la Subvention, ils vont annoncer, dans cette Séance et les suivantes, les ordres du Roi sur cette matière importante;

Que les Etats ont appris par la lecture qui vient de leur être faite des réponses de Sa Majesté au cahier de l'Assemblée de 1773, qu'elle voulait bien rendre définitive la remise de 60,000 livres, portée par l'Article 18 de l'Arrêt susdit, suivant les dispositions duquel cette remise ne devait avoir lieu qu'autant que la nation aurait acquitté, avant le 15 Juillet 1773, 240,000 livres de la seconde et troisième année de la Subvention; que cette condition n'ayant point été remplie, Sa Majesté avait bien voulu proroger, jusqu'à l'ouverture des

Etats de 1773, le délai du payement, mais, que la Nation n'y ayant pas satisfait, a réclamé en sa faveur la stérilité des récoltes et l'inégalité d'une répartition arbitraire, deux causes qui avaient concouru également à ralentir le recouvrement, et que, sur ces considérations, les Etats avaient demandé qu'il plût à Sa Majesté de rendre définitive la remise conditionelle de 60,000 livres;

Que le cœur paternel du Roi a bien voulu se rendre au vœu des Etats, mais que c'est une grâce spéciale dont l'Assemblée doit d'autant plus sentir le prix, que, dans ce moment même, la Nation n'a point encore soldé le payement des trois années de Subvention échues au premier Octobre 1773, quoique la répartition en ait été faite sur les Déclarations des productions contribuables, et que, toutes les inégalités de la première répartition ont été redressées par les opérations qui ont été faites, en imposant chaque contribuable à la somme qu'il devait légitimement supporter, d'après sa propre déclaration.

Sur quoi, Mgrs les Evêques, Vicaires-Généraux et Députés ont unanimement remercié Nosseigneurs les Commissaires du Roi de la nouvelle marque de bienfaisance qu'ils viennent d'annoncer de la part de Sa Majesté, et ils ont fait éclater leurs sentiments qui sont ceux de la gratitude la plus tendre et la plus respectueuse pour une grâce si signalée.

La présente Délibération a été signée tant par Nosseigneurs les Commissaires du Roi que par Mgrs les Evêques et Députés qui ont signé les précédentes de ce jour.

Dudit jour 26 Mai 1775.

Nosseigneurs les Commissaires du Roi ont dit que l'Assemblée vient d'entendre par la lecture des réponses de Sa

Majesté au cahier des Etats de 1773 que le Roi voulait bien continuer l'abonnement de la Subvention à 120,000 livres, pendant quatre années, à compter du premier Octobre 1773, à la charge par la Nation d'employer le bénéfice de cet abonnement, suivant les règles établies par l'Arrêt du Conseil d'Etat du vingt-quatre Octobre 1772, ainsi qu'il avait eu lieu pendant les quatre années précédentes, qu'une grâce aussi marquée, qui réduit, pendant huit ans, à 120,000 livres une imposition dont le produit ne paye pas même la moitié des frais que coûte en Corse la seule Administration de la Justice, est une faveur signalée accordée à la Nation, en ce que d'un côté les dépenses du Gouvernement augmentent, chaque année, en Corse, et que de l'autre, les facultés du Pays, qui sont la mesure naturelle de l'imposition, prennent des accroissements successifs qui commencent à devenir sensibles ; mais que ce qui doit exciter le plus la reconnaissance de la Nation, est que cette faveur a pour objet, non seulement de favoriser de toutes les manières possibles la régénération de la Corse, mais encore, d'accoutumer la Nation à bien saisir et à faire une juste application des principes adoptés, pour asseoir et répartir l'imposition, et qu'il en résulte pour elle la justice et la nécessité de donner une attention particulière aux opérations qui restent à faire, pour mettre cette partie entièrement en règle, et dont l'exposition sera mise sous les yeux de l'Assemblée, avec le détail et la clarté nécessaires pour lui en faire sentir toute l'importance et l'utilité.

Sur quoi, la matière mise en Délibération, l'Assemblée, après avoir fait connaître les expressions de toute sa reconnaissance pour la nouvelle marque des bontés de Sa Majesté que Nosseigneurs les Commissaires du Roi viennent d'annoncer, il a été arrêté que les Etats s'occuperont avec zèle et avec impartialité au choix des moyens qui peuvent contribuer à régler avec une méthode sûre et simple le recouvrement de la Subvention à laquelle Sa Majesté a limité ses demandes.

La présente Délibération a été signée tant par Nosseigneurs les Commissaires du Roi que par Mgrs les Evêques et autres Députés qui ont souscrit les précédentes.

Dudit jour 26 Mai 1775.

Nosseigneurs les Commissaires du Roi ont dit que l'Assemblée Générale de 1773, après avoir examiné, dans la première Séance, l'état de ce que les productions contribuables déclarées pour l'année du premier Octobre 1771 au premier Octobre 1772, avaient donné de Subvention, à raison des deux vingtièmes de l'estimation de leur valeur, et dont le total ne montait qu'à la somme de 115,294 livres, 7 sous 7 deniers, somme inférieure au montant de l'abonnement, avait reconnu que cette modicité de produit n'avait pu provenir que de l'infidélité des déclarations qui avaient été faites ; qu'en conséquence elle avait arrêté des augmentations sur différentes Provinces, qui ont produit, conformément à l'état que Nosseigneurs les Commissaires du Roi ont remis à l'Assemblée, et déposé à l'instant sur son Bureau, une augmentation au montant des deux vingtièmes de la somme de 12,835 livres, 10 sous, 4 deniers ; que cet esprit de dissimulation et de réticence s'est encore plus manifesté dans les déclarations qui ont été faites pour l'année du premier Octobre 1772 au premier Octobre 1773, puisqu'elles n'ont produit pour le montant des deux vingtièmes de l'évaluation des productions déclarées qu'une somme de 97,609 livres, 8 sous, 11 deniers, en sorte que la Subvention de ladite année, bien loin d'offrir à la Nation des ressources pour subvenir à l'acquittement de ses charges, ne suffit pas même pour payer les 120,000 liv. de l'abonnement auquel Sa Majesté a bien voulu réduire la contribution de la Corse, aux charges que son Administration exige;

Que cet exposé suffit pour faire connaître la nécessité dont il est que l'Assemblée fasse, pour la quatrième année de la Subvention, les mêmes observations qui ont été faites par l'Assemblée générale de 1773, en réglant les Augmentations qu'elle jugera à propos que les Provinces dont les déclarations se trouvent le plus évidemment fausses et inexactes doivent supporter;

Que ces augmentations sont d'autant plus indispensables, qu'en premier lieu, elles n'ont pas pour objet d'ajouter aux impositions que la Nation supporte, mais celui de porter, comme il vient d'être observé, le produit des deux vingtièmes assez haut pour qu'il suffise, non seulement à payer l'abonnement que le Roi a bien voulu faire à la Nation, mais encore que l'excédent qui en résultera, la mette en état d'acquitter les charges ordinaires dont elle est tenue, et de rembourser à la Caisse Civile les avances qu'elle a faites, jusqu'à présent, à cet égard.

Nosseigneurs les Commissaires du Roi ont observé que l'on travaille actuellement à rédiger les états des avances de la Caisse Civile et des dépenses dont la Nation est tenue, qu'ils lui seront incessamment remis, ainsi que les états du montant des impositions qui ont été réparties jusqu'à présent, afin qu'en les comparant, elles puissent connaître les fonds sur lesquels elle doit compter, l'objet de ses dettes et de ses charges et les fonds qu'elle aura à faire pour les acquitter, tant pour le passé que pour l'avenir, ce qui achèvera de lui démontrer la nécessité de déterminer des augmentations sur les Provinces dont les déclarations ont été inexactes;

Qu'en second lieu, ces augmentations doivent être la première opération dont les Etats ont à s'occuper, en ce qu'elles auront pour objet de fixer le produit des deux vingtièmes, pour la quatrième année, dont le montant total, réuni à celui des deux années précédentes, doit servir à régler pour l'avenir, à raison du tiers de ces trois totaux réunis, la Subvention que la Nation aura à payer chaque année, jusqu'à la confection du cadastre, ainsi qu'il vient de l'être annoncé à l'Assemblée par la lecture des réponses du Roi au cahier des Etats de 1773, et qu'il lui sera plus amplement expliqué dans les Séances suivantes ;

Qu'une autre considération exige encore, que ces augmentations se fassent avec sévérité. C'est la justice de faire entre tous les contribuables la répartition la plus approchante qu'il sera possible de leurs facultés respectives, et que cette égalité proportionnelle qui fait la base d'une juste répartition, ne serait plus suivie, si on laissait subsister une imposition établie sur des déclarations infidèles.

Nosseigneurs les Commissaires du Roi ont ajouté que pour mettre les Etats à portée de régler, en connaissance de cause, les augmentations dont ils jugeront chaque Province susceptible, ils remettaient sur le Bureau : 1º les tableaux rédigés dans les Assemblées Provinciales du montant des productions déclarées ; 2º les relevés qui ont été faits dans les Bureaux de l'Intendance, pour déterminer, d'après l'estimation des productions et les déductions prescrites par l'Arrêt du Conseil d'Etat du 24 Octobre 1772, le montant des deux vingtièmes qu'elles produiraient, et qui est porté par le résultat de ces relevés à la somme de 100,268 livres, 19 sous, 4 deniers ; Que ce résultat se trouve plus fort que le produit des rôles qui ne monte qu'à 97,609 livres 8 sous, 11 deniers, mais que cette différence provient des erreurs de calcul qui se sont trouvées dans les tableaux des Provinces, et que l'opération de la rédaction des rôles a fait connaître ;

Qu'ainsi ce serait cette somme de 97,609 livres, 8 sous,

11 deniers qui formerait le produit des deux vingtièmes, pour la quatrième année de Subvention, mais qu'il est à observer qu'elle comprend les doublements arrêtés dans les Assemblées Provinciales, ou ordonnés par M. l'Intendant, contre les Communautés qui ont été en retard de fournir les registres de leurs déclarations, que ces doublements forment un objet de 7,632 livres, 12 sous, que cette somme ne peut être considérée comme faisant partie du produit des deux vingtièmes des productions, puisqu'elle n'est par elle-même qu'une amende contre les Communautés qui l'ont encourue, et que d'ailleurs, d'après les représentations qu'elles ont faites, le recouvrement en a été suspendu, au moyen de quoi, il faut donc convenir que les productions déclarées pour la quatrième année de Subvention n'ont donné qu'une somme de 89,976 livres, 16 sous, 11 deniers pour les deux vingtièmes, et que, par conséquent, il s'en faut de 30,023 livres, 3 sous, 1 denier qu'ils ne montent à la somme de 120,000 livres, à quoi le Roi a bien voulu régler l'abonnement, ce qui n'offre absolument aucune ressource à la Nation pour l'acquittement de ses charges, et lui démontre, avec la plus grande évidence, la nécessité de faire usage des moyens convenables pour y parvenir.

Sur quoi, la matière mise en délibération, il a été arrêté que l'Assemblée ne négligera rien de ce qui pourra contribuer à la rectification des déclarations des produits de l'année du premier Octobre 1772 au premier Octobre 1773, pour mettre la Nation à portée de satisfaire à ses devoirs.

La présente Délibération a été souscrite, tant par Nosseigneurs les Commissaires du Roi que par Mgrs les Evêques et autres Députés qui ont signé les précédentes.

Dudit jour 26 Mai 1775

Nosseigneurs les Commissaires du Roi ont dit que l'Assemblée a vu, par la lecture des réponses de Sa Majesté au cahier des Etats de 1773, que, sur la demande qu'ils ont faite à ce qu'il lui plût d'ordonner un moyen plus simple que ceux qui avaient été employés jusqu'ici, pour asseoir et répartir la Subvention, le Roi ayant égard au vœu de la Nation, lui a annoncé, qu'à compter du premier Octobre 1774, les contribuables et les Officiers Municipaux seraient dispensés des déclarations, mesurages, registres et évaluations ordonnés par l'Arrêt du Conseil d'Etat du 24 Octobre 1772 ; qu'à l'avenir, conformément aux dispositions de l'article 2 du nouvel Arrêt du Conseil d'Etat du 30 Septembre 1774, ce que chaque Communauté devra payer annuellement, jusqu'à l'entière confection du cadastre, sera le tiers de la totalité des sommes auxquelles elle a été imposée pour les trois années précédentes, du premier Octobre 1770 au premier Octobre 1773, et qu'elle a payé, ou aurait dû payer, d'après les déclarations de ses produits, sauf les augmentations ou décharges qui pourront être ordonnées par le Roi, ou établies par l'Assemblée Générale et autorisées par Sa Majesté; laquelle somme devra être répartie sur son Territoire, avec la proportion qui est prescrite par l'Article 3 du susdit Arrêt, par lequel on voit la forme à suivre, pour établir ensuite et répartir la Subvention d'une manière sûre.

Nosseigneurs les Commissaires du Roi ont observé, que, pour faire connaître à l'Assemblée les dispositions de cet Arrêt, ils en remettaient sur le Bureau des Etats plusieurs exemplaires, afin qu'il en fût fait lecture, et que les Députés qui composent la présente Assemblée en puissent prendre connaissance, et ils ont ajouté qu'ils se réservaient d'annoncer dans les Séances suivantes, les volontés de Sa Majesté, sur la manière dont elle entendait que cet Arrêt fût exécuté par les Etats et sur les opérations qu'ils auraient à faire à cet effet, pendant la durée de l'Assemblée.

Après quoi, ayant été fait lecture de l'Arrêt ci-dessus énoncé, les Etats reconnaissant la sagesse et l'utilité qui ont dirigé un Règlement si nécessaire, ont promis de s'y conformer entièrement, et de travailler en conséquence, avec la plus grande activité, pour en faciliter l'exécution, et de faire leur possible pour satisfaire à la volonté de Sa Majesté, qui est celle d'établir de plus en plus le bonheur de ses sujets et particulièrement de cette nouvelle portion de son Empire.

La présente Délibération a été signée, tant par Nosseigneurs les Commissaires du Roi que par Mgrs les Evêques et Députés qui ont signé les précédentes de ce jour.

Dudit jour 26 Mai 1775.

Nosseigneurs les Commissaires du Roi s'étant retirés, Mgr l'Evêque Président a dit que dans toutes les Assemblées précédentes, il a été élu une délégation d'un certain nombre de Députés de différentes Provinces, conjointement aux deux membres de la Commission des Douze et au Greffier en chef des Etats, pour examiner et diriger les matières qui se proposent dans l'Assemblée Générale, pour s'occuper du choix des moyens les plus sûrs pour satisfaire aux demandes de Sa Majesté, pour prendre avec une bonne méthode, et avec sûreté, après le rapport de la susdite Députation, les délibérations qui conviennent mieux à l'utilité, et à l'indemnité de la Nation ;

Que l'élection de cette Délégation devient plus nécessaire par la multiplicité des matières dont l'Assemblée doit s'occuper cette année ;

Que la Députation ne doit pourtant pas perdre de vue la disposition de l'Article 13 de l'Arrêt du Conseil d'Etat relatif aux Assemblées Générales et Particulières de la Nation Corse, qui restreint ses opérations au calcul, examen et détail des matières dont les principes et les règles ont été déjà proposés et adoptés par l'Assemblée Générale.

Sur quoi il a été unanimement arrêté, que la Délégation se ferait, et serait composée des Sujets ci-après :

SAVOIR:

Pour Nosseigneurs les Evêques, de M. l'Abbé Santini, nommé à l'Evêché du Nebbio.

Pour la Province de Bastia, de MM. Gavini, Piévan, Antoni, Casabianca et Rigo.

Pour la Province d'Ajaccio, de MM. Susini, Piévan, Folacci et Pietri.

Pour la Province de Sartene, de MM. Quilici, Piévan, et Colonna.

Pour la Province de Balagne, de M. Carli.

Pour la Province d'Aleria, de M. Poli.

Pour la Province de Corte, de MM. Alberti, Piévan, et Rossi.

Pour la Province du Nebbio, de M. Petriconi.

Pour la Province du Cap-Corse, de MM. Ogliastro, Piévan, et Antoni.

Pour la Province de Calvi, de M. Cattaneo.

Et pour la Province de Vico, de M. Bianchi.

Lesquels Sujets, proposés et nommés par les différentes

Provinces pour ladite Députation, ont été confirmés et approuvés par l'Assemblée Générale, à charge de s'occuper conjointement avec zèle et empressement, de la confection des observations, calculs et détails qui pourront faciliter l'exécution des Délibérations qui seront prises par les Etats auxquels ils devront rendre compte de leur travail.

Et il a encore été délibéré, que, pour remplir plus aisément l'objet de leur commission, les Députés élus comme dessus, devront s'assembler tous les jours, à huit heures du soir, chez M. l'Abbé Santini, nommé à l'Evêché du Nebbio.

Après quoi, l'Assemblée a été remise à demain, vingt-sept du présent mois, à neuf heures du matin.

Et la présente Délibération a été signée tant par Mgr l'Evêque Président, que par Mgrs les autres Evêques et Députés qui ont souscrit les précédentes.

Séance du 27 Mai 1775.

Nosseigneurs les Commissaires du Roi, Mgrs les Evêques et Députés ci-dessus nommés, s'étant rendus dans la Salle de l'Assemblée, Nosseigneurs les Commissaires du Roi ont dit qu'après avoir donné connaissance à l'Assemblée des Etats de l'Arrêt du Conseil d'Etat du 30 Septembre 1774, par lequel Sa Majesté prescrit la forme suivant laquelle il sera procédé à la répartition de la Subvention pour la cinquième année et les suivantes, jusqu'à la confection du Cadastre, ils ont à annoncer les volontés du Roi sur la manière d'exécuter cet Arrêt et les opérations que les Etats ont à faire pour y parvenir ;

Qu'ils croyent devoir rappeler, succinctement à cette occasion, ce qui s'est passé jusqu'ici sur la Subvention, pour réformer ce qui doit l'être, et juger mieux de ce qu'il y a à faire pour l'avenir, relativement aux changements et modifications que le Roi a bien voulu admettre par l'Arrêt du 30 Septembre dernier ;

Que lors de la tenue de la première Assemblée Générale de 1770, il fut réglé que l'Ile de Corse payerait par provision une somme de cent vingt mille livres, qui fut répartie entre les différentes Provinces de l'Ile, dans la proportion qu'on crut alors la plus relative à leurs facultés respectives, que, quant à la répartitition particulière entre les Communautés et les contribuables, il fut arrêté qu'elle se ferait relativement aux déclarations qui seraient faites des productions contribuables : que cela fut observé ainsi ; mais que cette opération fit bientôt connaître, combien il y avait peu de rapport entre les Facultés de chaque Province, d'après le montant de ses déclarations, et la somme à laquelle elle avait été réglée provisoirement pour sa contribution dans la somme de cent vingt mille livres à laquelle toute la Subvention de l'Ile avait été fixée ;

Qu'on espérait que les déclarations de la seconde année mettraient à portée de réformer ce que la première répartition avait de défectueux ; mais que leur infidélité frappante n'ayant pas permis d'en faire usage, avant qu'elles ne fussent rectifiées, on arrêta que l'on continuerait de percevoir, par provision, la Subvention, conformément à la répartition de 1770, sauf à tenir compte ensuite aux Communautés et Contribuables de ce qui aurait été payé de trop ou de trop peu ; que la même considération de l'infidélité et de l'inexactitude des déclarations de la troisième année obligea à proroger la répartition de 1770, sous les mêmes réserves ;

Que ce fut dans ces circonstances que le Roi rendit l'Arrêt du Conseil d'Etat du 24 Octobre 1772 par lequel, en déclarant que l'impôt était en Corse territorial et réel, il prescrivit les moyens à employer pour rectifier les déclarations de la deuxième et de la troisième année, et procéder ensuite à une répartition exacte et proportionnelle de la Subvention ; mais il rendit la répartition de 1770 définitive, par rapport aux difficultés insurmontables de revenir sur cette première répartition ;

Qu'il ne fut pas possible, à cause de la nécessité de pourvoir au recouvrement, d'observer pour la quatrième année de Subvention la forme de répartition prescrite par cet Arrêt ; mais qu'il donna lieu à faire le travail qui a été mis sous les yeux de l'Assemblée de 1773, et qui lui a fait connaître les opérations à faire pour déterminer ce que chaque Province, chaque Piève, chaque Communauté et enfin chaque Contribuable devait payer de Subvention, à raison des deux vingtièmes des productions déclarées pour chacune des trois années échues depuis le premier Octobre 1770, de le comparer avec ce qui avait été exigé suivant la répartition provisionnelle de 1770, et de connaître dans le plus grand détail ce qui avait été payé de trop ou de trop peu ;

Que quelque utile que fut ce travail, il n'échappa pas qu'il entraînait dans des calculs considérables, que ces opérations exigeaient une attention pénible, qu'elles étaient tellement compliquées que les erreurs en étaient plus faciles à commettre et plus difficiles à apercevoir, que c'était ce que les Etats avaient senti, et ce qui avait déterminé Sa Majesté à prescrire une forme plus simple, plus analogue au principe, qui rendait l'impôt Territorial et réel en Corse, et plus approchant du Cadastre, et que c'est ce que le Roi s'est proposé par l'Arrêt de son Conseil d'Etat du 30 Septembre 1774;

Qu'après avoir ainsi exposé les principes sur lesquels les dispositions de cette loi étaient établis, il restait à expliquer la manière de l'exécuter et les opérations à faire en conséquence ;

Que cet Arrêt porte qu'il sera fait une année commune du produit des deux vingtièmes, d'après les déclarations des

Contribuables, pendant les trois années qui ont précédé le premier Octobre 1773;

Que cela présentait naturellement la question de savoir, pourquoi on n'avait pas plutôt fait une année commune des cinq qui s'étaient écoulées jusqu'au premier Octobre 1774, mais que deux réflexions répondaient à cette objection:

1º On n'a pu faire usage des déclarations données pour la première année, puisqu'elles n'ont pas servi à déterminer la Subvention que la Corse devait payer; que la contribution de chaque Province avait été réglée, indépendamment de ce que la déclaration de ses productions aurait pu présenter de revenus imposables; que la seule utilité qu'on avait tirée de ces déclarations, avait été de répartir au marc la livre du montant de leur évaluation la somme à laquelle chaque Province avait été arbitrairement répartie, et qu'enfin la répartition provisionnelle de cette première année ayant été déclarée définitive, par l'Arrêt du 24 Octobre 1772, par l'impossibilité de réformer les vices, on ne pouvait la considérer comme une imposition relative aux facultés du Pays;

2º Les déclarations qui ont été demandées pour la cinquième année, n'étaient point faites, lorsque l'Arrêt du 30 Septembre a été rendu;

Qu'ainsi on n'a pu prendre pour base les Déclarations de cinq années du premier Octobre 1769 au premier Octobre 1774, et qu'au surplus, il a paru suffisant d'avoir les déclarations des trois années consécutives, juger, par la plus grande approximation possible, des facultés de la Corse, et en former une année commune.

Nosseigneurs les Commissaires du Roi ont observé que, si on pouvait être assuré de l'exactitude de ces déclarations, l'opération se bornerait, ainsi que le prescrit l'Arrêt du 30 Septembre dernier, à réunir la somme totale des deux vingtièmes de leur évaluation, et d'en tirer le tiers pour former la Subvention fixe de chaque Communauté, jusqu'à l'établissement du Cadastre, mais que l'expérience ayant fait connaître que ces déclarations étaient on ne peut pas moins exactes, puisque l'Assemblée de 1773 n'avait pu se dispenser de déterminer des augmentations sur celles de la troisième année, et que l'extrême modicité du produit des déclarations de la quatrième année n'annonce que trop que l'esprit d'infidélité et de réticence les a dictées, il en résulte l'indispensable nécessité de commencer par les rectifier, en réglant les augmentations dont elles sont susceptibles, et dont le produit, ajouté à celui des déclarations, doit former le montant vrai des deux vingtièmes de l'année échue au premier Octobre 1773, ce qui fixera d'une manière plus invariable le prix de l'année commune destinée à servir de règle, jusqu'à la confection du Cadastre ; que c'est dans cet esprit que l'Arrêt du 30 Septembre dernier porte que ce sera, sauf les augmentations qui pourront être ordonnées par le Roi, ou délibérées par les Etats, sous l'autorisation de Sa Majesté, que le tiers des deux vingtièmes du produit des déclarations des trois années consécutives formera la Subvention fixe à payer pour chaque Communauté, jusqu'à la confection du Cadastre;

Qu'ainsi l'Assemblée, après avoir porté le produit des deux vingtièmes des déclarations faites pour l'année du premier Octobre 1770 au premier Octobre 1771, celui des déclarations de l'année suivante, avec l'objet des augmentations déterminées par l'Assemblée de 1773, aura à ajouter au produit des déclarations du premier Octobre 1772 au premier Octobre 1773, les augmentations qu'elle trouvera juste d'y faire, en sorte qu'en réunissant tous ces produits, le tiers du total formera la Subvention fixe à payer pour chaque Communauté, jusqu'à l'établissement du Cadastre, parce que ce n'est qu'au moyen de cette rectification, que l'on peut établir avec le plus d'approximation possible, l'objet des productions de l'Ile, pendant les trois années fixées par l'Arrêt du 30 Septembre, et par conséquent l'appréciation proportionnelle et lerative à ses facultés.

Quoique les déclarations demandées pour la cinquième année deviennent inutiles au moyen de la nouvelle forme de répartition, il n'en a pas paru moins nécessaire de mettre sous les yeux des Etats toutes celles qui ont été fournies jusqu'à présent, non pas pour changer la proportion déterminée par l'Arrêt du 30 Septembre, mais pour éclairer le comité dans le travail qu'il aura à faire, relativement à l'augmentation sur les déclarations des années précédentes, à l'effet de quoi, Nosseigneurs les Commissaires du Roi ont mis sur le Bureau de l'Assemblée toutes les déclarations fournies par les Communautés de l'Ile de Corse, divisées par Pièves et Provinces, avec la note des Communautés qui sont actuellement en retard de fournir les déclarations qui leur ont été demandées.

Après avoir ainsi établi la nécessité des opérations qui doivent précéder celles que l'exécution de l'Arrêt du 30 Septembre exige, Nosseigneurs les Commissaires du Roi ont dit que l'exécution est absolument réservée aux Etats qui ont en conséquence à envoyer cet Arrêt dans toutes les Villes et Communautés de la Corse, pour qu'il y soit publié et affiché, à l'effet de quoi, ils remettent sur le Bureau des Etats un nombre suffisant d'exemplaires imprimés dudit Arrêt en placards, et que les Etats doivent y joindre une instruction pour le faire parfaitement entendre et promptement exécuter, laquelle néanmoins ne pourra être adressée aux Communautés, lorsqu'elle aura été rédigée par l'Assemblée Générale, ou par le Comité qu'elle aura nommé, qu'après avoir été examinée et approuvée par les Commissaires du Roi, de quoi il doit être fait mention expresse dans ladite instruction ;

Que cette instruction doit avoir deux objets :

1º De procurer le recouvrement le plus prompt de la cinquième année de la Subvention ; ce que Nosseigneurs les Commissaires du Roi ont ajouté qu'ils se réservaient d'expliquer particulièrement ;

2º D'assurer la répartition la plus exacte de l'imposition entre tous les Contribuables, suivant la mesure et la quantité de leurs propriétés, et qu'à cet égard, ils vont entrer dans les détails nécessaires, pour éclairer l'Assemblée sur cette partie de l'instruction qu'elle a à rédiger ;

Que pour remplir cet objet, l'instruction prescrira à tous les propriétaires de fournir dans un court délai au Greffe de la Communauté où sont situés leurs biens, une déclaration exacte et spécifique de la quantité et nature des biens, avec énonciation du canton, où chaque portion de bien se trouve située; à cet égard, l'instruction doit fournir un modèle simple et clair des déclarations qui devront être ainsi fournies, et ces déclarations qui tiendront lieu de celles qui étaient prescrites après chaque récolte, ne se feront qu'une seule fois, sauf la réforme de celles qui seront inexactes ou fausses ;

Que dans le même temps, chaque Communauté assemblée nommera trois experts, pour reconnaître la quantité et qualité des terres qui composent son Territoire et déclarer spécifiquement en combien de Cantons ledit Territoire se trouve partagé, et quelle est la consistance de chaque Canton, suivant les mesures du Pays, c'est-à-dire, combien de mézinates, journées et autres mesures de terre contiendra chaque Canton, pour les ranger en trois classes, de bonnes, médiocres et mauvaises, conformément à l'Article 3 de l'Arrêt du 30 Septembre dernier, qu'enfin les mêmes experts estimeront ce que chaque mesure de terre bonne, médiocre et mauvaise pourra porter de Subvention, de manière que chaque portion de terre sans exception, susceptible de quelque production, même celle qui, sans être cultivée, servirait de pacage, contribue à l'imposition, les mauvaises par la taxe la plus modique, les médiocres et les bonnes par des taxes proportionnées à leur produit, et qu'il n'y ait que les portions de terre absolument incultivables, et sans aucun produit, qui ne contribuent pas à l'imposition totale de la Communauté.

Nosseigneurs les Commissaires du Roi ont observé, sur ce point de l'instruction, que l'estimation que les experts se trouveront autorisés à faire de ce que chaque mesure de terre leur paraîtra devoir supporter de Subvention, relativement à sa qualité, ne doit pas être considérée comme une taxe à payer pour chaque mesure de terre, mais simplement comme une estimation nécessaire de la valeur de chaque mesure de terre au marc la livre de laquelle le total de la Subvention fixe qui aura été réglé pour chaque Communauté devra être réparti ;

Que, comme l'application des Particuliers aux opérations qui auront été faites par les experts exige un travail qui doit être uniforme pour toutes les Communautés, et conduit dans chacune avec la même intelligence, le Roi veut bien que l'Assemblée Générale choisisse six Commissaires, entre lesquels elle distribuera toutes les Communautés de l'Ile, et qui se transporteraient dans lesdites Communautés aux termes qui leur seraient indiqués, pour y relever et vérifier les déclarations des Propriétaires, ainsi que les opérations des experts, et arrêter en conséquence des rôles de répartition entre les Propriétaires des sommes auxquelles les Communautés auront été fixées, suivant la quantité et qualité des biens de chaque Propriétaire, le tout conformément à l'instruction uniforme qui sera remise à chacun des six Commissaires, après qu'elle aura été préalablement approuvée par les Commissaires du Roi ;

Que les rôles, qui auront été dressés par les six Commissaires pour la répartition de la Subvention des Propriétaires de chaque Communauté, seront rendus exécutoires par M. l'Intendant et envoyés aux Trésoriers des Provinces pour en faire le recouvrement, et qu'un double des rôles restera au Greffe des Etats, pour être soumis à la révision de l'Assemblée Générale la plus prochaine, et servir de matricule au Cadastre provisionnel ;

Que les déclarations des Particuliers et les Procès-Verbaux des experts de chaque Communauté seront remis au Commissaire des rôles par le Greffier de la Communauté, et toutes les pièces d'une même Communauté seront renfermées en un même liasse, cotées et paraphées par le Commissaire des rôles et remises ensuite au Greffe des Etats, pour y demeurer jointes aux rôles ;

Que les Particuliers qui n'auront point fourni de déclarations seront taxés sur la commune renommée pour les terres qu'ils seront reconnus posséder dans les Communautés, conformément à l'Arrêt du 24 Octobre 1772, au profit de la Nation, et pour fournir à ses dépenses au double de la taxe, à titre d'amende ;

Que les Communautés qui n'auront pas fourni les déclarations, nommé les experts et fait dresser les Procès-Verbaux énoncés dans les Articles ci-dessus, avant l'arrivée des Commissaires aux rôles, supporteront les frais, à raison de dix livres par jour du temps que les Commissaires seront obligés d'employer pour faire faire lesdites opérations sous leurs yeux, et les Podestats et Pères du Commun payeront entr'eux la moitié des frais dont l'autre moitié sera répartie sur les habitants de la Communauté au marc la livre de la Subvention.

Que ce seront les Podestats et Pères du Commun qui fourniront les déclarations des biens appartenant aux Communautés ou prétendus pour elles, en distinguant ceux qui sont séparés et partagés par des bornes, et qui appartiennent auxdites Communautés à titre patrimonial, de ceux qui ne sont pas abornés, et dont l'usage n'est censé rester commun qu'en vertu du Chapitre 39 du Statut civil.

Nosseigneurs les Commissaires du Roi préviennent l'Assemblée que ce point de l'instruction à fournir aux Commissaires aux rôles doit être bien développé, étant essentiel que le principe qui l'établit soit rendu sensible et familier aux Corses.

Ils ont ajouté que, comme les produits des Bois ne sont entrés pour rien dans les déclarations fournies pour la Subvention, ils demeureront affranchis de ladite imposition jusqu'à nouvel ordre, ce qui toutefois ne dispensera pas les Particuliers et les Communautés de comprendre dans leurs déclarations les biens dont ils prétendent la propriété et l'usage.

Que ce sont là les points sur lesquels l'instruction à rédiger par l'Assemblée où le Comité doit être formé, et que, pour que l'exécution en puisse être exactement suivie, les Etats doivent développer les différentes disposition, et y ajouter toutes celles qui leur paraîtront les plus propres à remplir pleinement les intentions du Roi, et à procurer une répartition exacte et proportionnelle de la Subvention entre tous les contribuables, sauf aux Commissaires du Roi, à examiner si elles sont conformes aux principes d'une bonne administration, et à ceux d'une répartition juste et proportionnelle.

Sur quoi, la matière mise en délibération, l'Assemblée Générale, persuadée que les règles et les principes que Nosseigneurs les Commissaires du Roi viennent d'annoncer doivent contribuer à une assiette de Subvention juste et relative aux facultés de chaque contribuable, ce que la Nation a toujours ardemment désiré :

Il a été arrêté que la Députation s'occupera avec ses lumières et son zèle ordinaire sur les objets annoncés, en rapportant aux Etats les observations qu'elle croira les plus raisonnables et les moyens qu'elle réputera les plus efficaces pour satisfaire aux volontés du Roi, et pour répondre à toutes les bontés qu'il répand sur ses Peuples.

La présente Délibération a été souscrite, tant par Nosseigneurs les Commissaires du Roi, que par Mgr Cittadella,

Evêque du Nebbio nommé à l'Evêché de Mariana et Accia, par M. l'Abbé Guignod, Vicaire-Général d'Aleria, par MM. Martin Melia et Antoine Quilici, Piévans, par MM. Raphaël Casabianca et Louis Corsi, Députés Nobles, Antoine-Martin Calendini et Antoine-Jacques Valentini, Députés du Tiers-Etat.

Par Nosseigneurs les Commissaires du Roi,
Signé : GIUBEGA.

Dudit jour 27 Mai 1775.

Nosseigneurs les Commissaires du Roi ont dit que, d'après les détails dans lesquels ils viennent d'entrer sur la manière d'exécuter l'Arrêt du 30 Septembre dernier, l'Assemblée a vu que les rôles de répartition seront faits par six Commissaires que Sa Majesté lui permettait de nommer à cet effet, qu'il reste à expliquer ce qu'il y a à faire pour le choix et le traitement desdits Commissaires, ainsi que pour le salaire des Greffiers des Communautés et des experts qu'elles auront nommés à l'effet de constater et connaître la quantité, qualité et valeur des terres de leur Territoire, que pour satisfaire à cette partie des volontés de Sa Majesté, ils annoncent à l'Assemblée, que ce sera, en leur présence, qu'il doit être procédé par elle à l'élection des six Commissaires, que cette élection doit être approuvée par eux, que leur refus ou de l'un d'eux, ladite élection sera recommencée pour remplacer chacun des sujets qui auront été refusés.

Que lesdits Commissaires seront choisis parmi les personnes les plus capables et les plus versées dans la connaissance des affaires du Pays, soit qu'elles soient Corses ou Françaises, et soit qu'elles se trouvent présentes ou non à l'Assemblée Générale ;

Que les frais des salaires des six Commissaires aux rôles seront à la charge de la Nation pour être pris sur le bénéfice de la Subvention, mais que Sa Majesté veut bien y contribuer en faisant distribuer à chacun d'eux une somme de trois cents livres, au moment où ils recevront leur instruction pour entrer en campagne, et pareille somme de trois cents livres, au moment où ils délivreront, en bonne et dûe forme, les rôles des Communautés qui leur auront été départies.

Sa Majesté ne doute pas que l'Assemblée Générale ne trouve dans la manière dont elle fixera le traitement desdits Commissaires un moyen d'exciter leur émulation et de récompenser ceux qui auront opéré avec le plus d'intelligence et d'activité ;

Que Sa Majesté exige que lesdits Commissaires aux rôles prennent les notions les plus exactes et les plus claires des terres et droits appartenant au Domaine, à titre de confiscation, déshérence, ou quelqu'autre titre que ce soit dans les Communautés qui leur auront été départies, et, à cet égard, Sa Majesté se réserve d'accorder telle gratification qu'elle jugera à propos à ceux desdits Commissaires qui auront rassemblé sur cet objet les renseignements les plus sûrs ;

Que l'intention du Roi est encore que les Commissaires fassent une mention expresse dans leur travail des bois qui se trouveront dans le Territoire de chacune des Communautés qu'ils auront vu, et lesdits Commissaires recevront, tant sur cet objet que sur le précédent, les instructions particulières de M. l'Intendant ;

Que l'Assemblée Générale pourra délibérer de faire payer aux Greffiers des Communautés une gratification pour recevoir et mettre en règle la déclaration des Propriétaires et un salaire aux experts pour les Procès-Verbaux qu'ils auront dressés ;

Que les Commissaires des rôles délivreront en conséquence

des certificats à ceux des Greffiers et experts qu'ils reconnaîtront avoir rempli les obligations qui leur auront été imposées, et que ces certificats pourront être remis par les Greffiers et experts aux Subdélégués de leur Département qui les feront passer à M. l'Intendant, pour leur être expédiés, le cas y échéant, une Ordonnance de payement de gratification qui leur aura été réglée, et dont le Roi veut bien prendre la moitié à sa charge, l'autre moitié seulement devant être acquittée à la charge de la Nation.

Sur quoi, la matière mise en délibération, l'Assemblée Générale, pour mieux remplir les intentions du Roi et pour procéder avec la meilleure méthode possible à l'exécution de ce qui vient d'être prescrit, a renvoyé au Comité tous les objets proposés, afin qu'il puisse suggérer les moyens de rendre l'instruction relative à l'Arrêt du 30 Septembre dernier, claire et simple, pour faciliter l'intelligence et l'exécution de l'Arrêt, pour s'assurer du choix des six Commissaires zélés et éclairés, pour bien remplir les commissions qui leur sont attribuées, tant comme de pourvoir à leur traitement, ainsi qu'à celui des experts et des Greffiers des Communautés respectives.

Après quoi, la Séance a été remise à après-demain, vingt-neuf de ce mois, à neuf heures du matin.

La présente Délibération a été souscrite, tant par Nosseigneurs les Commissaires du Roi que par Mgrs les Evêques et Députés qui ont signé la précédente de ce jour.

Séance du 29 Mai 1775.

Nosseigneurs les Commissaires du Roi, Mgrs les Evêques, Grand-Vicaire d'Ajaccio et Députés ci-dessus nommés, et

Mgr de Guernes, Evêque d'Aleria, absent dans les Séances précédentes et représenté par M. l'Abbé Guignod, son Grand-Vicaire, s'étant transportés dans la Salle d'Assemblée, et, après que Mgr de Guernes a eu pris place suivant la date de sa consécration, Nosseigneurs les Commissaires du Roi ont dit que dans la Séance du 27 de ce mois, ils ont annoncé à l'Assemblée que l'un des objets de l'instruction qu'elle avait à dresser devait être de procurer le recouvrement le plus prompt de la cinquième année de Subvention ; qu'ils avaient à cet égard à expliquer à l'Assemblée ce qu'elle avait à faire en conséquence ;

Que s'il avait été possible que l'Arrêt du 30 Septembre 1774 qui prescrit la nouvelle forme à suivre pour répartir la Subvention eût été publié aussitôt qu'il a été imprimé, les Communautés auraient été en état de faire les opérations qu'il ordonne assez tôt pour que le recouvrement de la première moitié des sommes auxquelles elles auraient été fixées, se fût fait en Février dernier; mais que la publication de cet Arrêt ayant été reculée jusqu'à ce moment, il en résultait la nécessité de reculer de même l'époque du premier payement de la moitié, et qu'en conséquence Sa Majesté permettait qu'il n'eût lieu qu'au mois de Septembre prochain ;

Que de plus, n'étant point à espérer que le travail des six Commissaires aux rôles puisse être fait assez tôt pour que le recouvrement de cette première moitié soit mis incessamment en activité, il était indispensable de trouver les moyens d'y pourvoir autrement, afin d'éviter dans le recouvrement des impositions une interruption que la nécessité du service ne peut souffrir ;

Qu'en conséquence, il avait été réglé par Sa Majesté que la moitié de la somme à laquelle chaque Communauté se trouvera taxée pour la cinquième année sera répartie entre tous les contribuables, suivant la méthode employée pour taxer chaque Communauté, c'est-à-dire que les Podestats et

Pères du Commun feront le relevé de ce que chaque Propriétaire aura payé pour chacune des trois années, pendant lesquelles les déclarations auront été fournies, non seulement relativement aux déclarations de chaque Propriétaire, mais encore, en y faisant entrer la portion qu'il aura dû supporter dans les augmentations faites sur lesdites déclarations, qu'ils réuniront ces différentes sommes et en formeront un total dont ils tireront le tiers, que ce tiers formera l'année commune des trois années et représentera provisoirement la somme annuelle et fixe de la Subvention de chaque propriétaire, et que ce sera la moitié de cette somme que les Podestats et Pères du Commun auront à exiger dans le courant du mois de Septembre prochain ; mais que cette perception n'aura lieu que par provision, et à charge qu'il sera fait raison à chaque Propriétaire du trop ou trop peu payé, suivant les rôles qui seront arrêtés, ainsi qu'il a été expliqué dans la Séance dernière ;

Que, pour remplir cet objet, il est donc nécessaire que l'Assemblée s'occupe, en premier lieu, du soin de régler la somme que chaque Communauté aura à payer pour la cinquième année et les suivantes, jusqu'à l'établissement du Cadastre, et pour la guider dans cette opération, Nosseigneurs les Commissaires du Roi ont remis un état qui comprend le montant des rôles arrêtés des deux vingtièmes des déclarations fournies pour la deuxième, troisième et quatrième année de la Subvention, avec les augmentations qui ont été déterminées par l'Assemblée de 1773 sur les déclarations de la troisième année; que ces quatre sommes sont réunies dans la colonne intitulée *Total*; que dans la colonne suivante on a porté le montant des décharges qui ont été prononcées par M. l'Intendant, pour raison des erreurs qui ont été reconnues, et dont la déduction doit être faite sur le produit des trois années, pour former le restant net à payer, dont le tiers porté dans la dernière colonne forme l'imposition fixe à payer pour la cinquième année et suivantes;

Que cette dernière somme serait vraiment la Subvention réglée pour chaque Communauté, jusqu'à l'établissement du Cadastre, si les déclarations fournies pour la quatrième année avaient été sincères et exactes, mais, comme bien loin de s'en flatter, l'extrême modicité de leurs produits ne prouve que trop à quel point elles sont infidèles, qu'ainsi la première opération que l'Assemblée ait à faire, est de régler les augmentations dont elles sont susceptibles, et particulièrement celles qu'ont donné les Provinces d'Aleria et de Sartene, afin d'en ajouter le montant au produit de la quatrième année, et augmenter d'autant la masse totale des trois années, ou plutôt, la porter au taux où elle doit naturellement monter afin que la Subvention fixe soit proportionnée aux facultés réelles de chaque Province, et que la répartition en soit faite suivant les règles de la justice et de l'équité;

Que l'Assemblée ne peut trop se pénétrer de la vérité de ce principe dont elle ne saurait s'écarter, sans donner lieu à tous les abus d'une répartition arbitraire, et sans faire, par conséquent, tomber l'impôt sur ceux qui ont été exacts dans leurs déclarations, tandis que ceux qui n'ont pas rougi de commettre les infidélités les plus manifestes, trouveraient l'injuste avantage de se soustraire à la plus grande partie de la contribution qu'ils doivent aux charges publiques;

Nosseigneurs les Commissaires du Roi ont observé que dans cet état on a apporté dans les premières colonnes le montant des productions déclarées pour l'année du premier Octobre 1769 au premier Octobre 1770 et des deux vingtièmes qui en seraient résultés, ainsi que le montant de ce que chaque Communauté a supporté par l'opération de la répartition provisionnelle; que ce résultat n'est mis sous les yeux de l'Assemblée qu'afin qu'elle puisse connaître : 1º la différence qu'il y a eu entre le produit des déclarations et la répartition arbitrairement faite pour cette première année de la somme de cent vingt mille livres; 2º la dégradation successive de l'objet des déclarations dans chacune des années suivantes, d'où l'Assemblée pourra se convaincre que l'infidélité et l'inexactitude des déclarations ont été l'effet d'un système général, projet d'autant plus mal conçu, qu'il en est arrivé que le produit de la Subvention est tombé à un tel point de modicité, qu'il se trouve de beaucoup insuffisant pour acquitter la Nation envers le Roi de l'abonnement que Sa Majesté a daigné lui accorder, et qu'elle est sans ressources pour subvenir aux charges particulières dont elle est tenue, que l'Assemblée doit être d'autant plus convaincue de l'indispensable nécessité de rectifier les déclarations de la quatrième année, pour trouver dans le produit de la Subvention de quoi acquitter les charges nationales de l'abonnement, sans recourir à une imposition nouvelle, au marc la livre de la Subvention, moyen qu'elle serait forcée absolument d'employer.

Nosseigneurs les Commissaires du Roi reprenant ensuite les instructions qu'ils ont à donner à l'Assemblée pour pourvoir au recouvrement de la première moitié de la Subvention de la cinquième année, ont ajouté qu'après que l'Assemblée aura constaté le montant vrai, ou au moins le plus approchant de la vérité, des déclarations de la quatrième année, au moyen des augmentations qu'elle aura réglée, et, par conséquent, constaté le total dont le tiers doit former la Subvention fixe de la cinquième année et des suivantes, elle aura à rédiger ou à faire rédiger par le Comité des instructions relatives aux Podestats et Pères du Commun et le mandement qui devra leur être adressé ;

Que ce mandement doit contenir le nom de la Communauté, de la Pièvre et de la Province, le montant des deux vingtièmes du produit des déclarations et de celui des augmentations réglées pour chacune des trois années antérieures, avec la déduction des décharges prononcées, et enfin le tiers du restant net que formera l'année commune de Subvention, afin que par ce moyen, chaque Communauté puisse connaître distinctement ce qu'elle aura à payer pour la cinquième année et les suivantes, et le principe de la taxe à laquelle elle se trouvera soumise ;

Qu'un double de ce mandement sera rendu exécutoire par M l'Intendant, pour en être le montant payé, moitié en Septembre prochain, et moitié dans le mois de Février 1776, et qu'il sera envoyé au Trésorier de la Province, pour en faire le recouvrement ;

Mais que les minutes en demeureront déposées au Greffe des Etats ; qu'au moyen de cette opération dont l'Assemblée doit s'occuper sans délai, le recouvrement de la première moitié de la Subvention de la cinquième année se fera en Septembre prochain, et qu'avant que celui de la seconde moitié soit échu, les Commissaires aux rôles auront fini leur travail, les rôles qu'ils auront arrêté seront mis en recouvrement, et en percevant la deuxième moitié, on tiendra compte aux propriétaires respectivement de ce qu'ils auront payé de trop ou de trop peu sur la première.

Sur quoi, la matière mise en délibération, l'Assemblée Générale, après avoir témoigné son entière soumission pour se conformer aux ordres de Sa Majesté, a réclamé à son secours le zèle et les lumières du Comité, pour suggérer les moyens de faciliter, autant qu'il est possible, le recouvrement de la cinquième année de la Subvention, en le dirigeant sur les règles et les principes qui viennent d'être annoncés.

La présente Délibération a été signée, tant par Nosseigneurs les Commissaires du Roi, que par Mgrs Guasco, Evêque de Sagone, et de Guernes, Evêque d'Aleria, par MM. Poletti et Tiberi, Piévans, Colonna d'Ornano et Annibal Folacci, Députés Nobles, Muzzoli et Pietri, Députés du Tiers-Etat.

Par Nosseigneurs les Commissaires du Roi,
Signé : GIUBEGA.

Dudit jour 29 Mai 1775.

Nosseigneurs les Commissaires du Roi ont dit qu'un des objets dont l'Assemblée a à s'occuper essentiellement est de déterminer les moyens les plus prompts de faire rentrer ce qui reste à payer pour solder la Subvention des années échues au premier Octobre 1773, que pour lui faire connaître le montant de ce qui reste encore actuellement, ils remettent sur le Bureau de l'Assemblée un état, arrêté par le Trésorier de la Caisse civile, des sommes qu'il a reçues des Trésoriers des Provinces sur la Subvention jusqu'au 25 de ce mois;

Que cet état contient, Province par Province, le montant de la Subvention qu'elle a dû payer pour chacune des quatre années, à compter du premier Octobre 1769, jusqu'au premier Octobre 1773, tant relativement à la répartition provisionnelle de la première année qu'au montant des deux vingtièmes des déclarations fournies pour chacun des trois autres, que du total de ces quatre années, on porte en déduction les taxations retenues sur la recette effective, tant pour les Podestats et Pères du Commun que pour les Trésoriers des Provinces et le montant des décharges qui ont été prononcées par M. l'Intendant, que, cette déduction faite, la somme qui reste est celle que la Province a dû verser dans la Caisse des Trésoriers de laquelle on déduit le montant des payements faits à compte par les Trésoriers des Provinces à la Caisse civile, et que le restant forme ce que chaque Province est encore en retard de payer;

Que la récapitulation de cet état fait connaître qu'il reste encore à payer par les Provinces une somme totale de soixante mille neuf cent cinquante-trois livres, sept sous, cinq deniers pour solde de la Subvention répartie pour les quatre années échues au premier Octobre 1773 ;

Qu'il faut ajouter à cette somme le montant des augmentations faites par l'Assemblée de 1773 sur les déclarations de la quatrième année, et dont la répartition n'est point encore faite par les Communautés sur les contribuables qui doivent la supporter ;

Que ces augmentations forment un supplément de Subvention de douze mille huit cent vingt-six livres, quatre deniers, suivant ce qui est porté en détail par la dernière colonne de l'état qui vient d'être remis, dans la Séance précédente, sur le Bureau de l'Assemblée ;

Qu'ainsi l'Ile de Corse a à payer pour solde des quatre années de Subvention, non compris les augmentations que les Etats ont à faire sur les déclarations de la quatrième année, une somme de soixante-treize mille sept cent soixante-dix-neuf livres, sept sous, neuf deniers, de laquelle déduisant celle de trois mille six cent cinquante-neuf livres, neuf sous, deux deniers, à retenir, tant par les Podestats et Pères du Commun, que par les Trésoriers des Provinces pour les taxations, il s'ensuit que la Caisse générale de la Nation a encore à recevoir net la somme de soixante-dix mille cent dix-neuf livres, dix-huit sous, sept deniers.

Nosseigneurs les Commissaires du Roi ont observé que le Trésorier général a ajouté à cet état le montant de la Subvention de la cinquième année, à raison du tiers de celui des déclarations des trois années précédentes, et dont l'objet est de cent trente-neuf mille quatre cent trente-quatre livres, neuf sous, cinq deniers, ce qui, à peu de chose près, est conforme au résultat porté par la dernière colonne de l'état remis dans la Séance précédente, mais que ce n'est qu'un aperçu pour donner par approximation l'objet de la Subvention à payer pour la cinquième année, parce que le montant vrai n'en sera déterminé, ainsi qu'on a déjà eu lieu de le faire remarquer à l'Assemblée, qu'après qu'elle aura réglé les augmentations à faire sur les déclarations de la quatrième année ;

Qu'indépendamment de la somme nette de soixante-dix mille cent dix-neuf livres, sept sous, cinq deniers, que l'Assemblée vient de voir qu'il restait à recouvrer pour solde de la Subvention des quatre années, et du montant des augmentations qu'elle a à faire sur la quatrième année, elle verra par un autre état que Nosseigneurs les Commissaires du Roi ont remis sur le Bureau, qu'il est encore dû par la Nation une somme de trente-trois mille neuf cent soixante-sept livres, trois sous, neuf deniers, pour solde des rôles des deux vingtièmes imposés sur les maisons louées ou occupées par les Propriétaires, et dont l'Assemblée doit également presser le recouvrement, d'autant plus que cette somme ne servira qu'à remplir les rôles arrêtés pour les trois années échues au premier Octobre 1772, et que l'Assemblée aura encore à former ceux des deux années subséquentes, ainsi et de la manière qu'il sera plus amplement expliqué dans les Séances qui devront suivre.

Nosseigneurs les Commissaires du Roi ont ajouté qu'ils avaient à faire à l'Assemblée une observation intéressante à l'occasion de ce qui restera à recouvrer pour solder les impositions échues ; qu'ils ne pouvaient douter que plusieurs Podestats ou Pères du Commun ne fussent en retard de remettre au Trésorier de leur Province les sommes qu'ils ont reçues des contribuables, et qu'il est fort à présumer que les Trésoriers des Provinces ne soient pas également exacts à verser dans la Caisse générale celles que les Podestats et Pères du Commun leur remettent ; qu'il en résulterait le double inconvénient de faire penser que la Nation est plus en retard qu'elle ne peut l'être de payer les impositions qu'elle supporte, et de mettre une lenteur réelle dans le recouvrement ; que l'Assemblée sentira la nécessité de pourvoir à ce que les fonds payés sur les impositions parviennent exactement, et dans le moindre délai possible, au Trésorier de la Caisse générale, et s'occupera en conséquence des moyens à employer pour parvenir à assurer ce service.

Sur quoi, la matière mise en délibération, les Etats ont promis d'agir avec le plus grand empressement pour corriger le retard que les Communautés peuvent avoir mis dans le payement des sommes auxquelles elles ont été taxées, tant relativement à la répartition provisionnelle de la première année que d'après les déclarations des produits et des augmentations réglées par la dernière Assemblée Générale, ainsi que celles qui seront fixées par la présente Assemblée; les Etats ont invité la Députation de s'occuper du moyen de connaître si ce retard provient de la mauvaise volonté des contribuables, ainsi que si l'inexactitude des Officiers Municipaux et des Trésoriers des Provinces y est comprise.

La présente Délibération a été signée tant par Nosseigneurs les Commissaires du Roi, que par Mgrs les Evêques et Députés qui ont signé la précédente.

Dudit jour 29 Mai 1775.

Nosseigneurs les Commissaires du Roi ont dit que les opérations qui étaient nécessaires pour réparer les répartitions provisionnelles et pour rectifier les déclarations des productions des années précédentes ont donné lieu à l'établissement d'un Bureau dont la dépense a été considérable, ainsi que des frais d'impression et d'envoi qui sont aussi d'une certaine considération ; que c'est dans ce Bureau qu'on a formé les rôles de répartition des deux vingtièmes des maisons louées ou occupées par les Propriétaires, et surtout ceux des deux vingtièmes des déclarations fournies pour la troisième et la quatrième année, ainsi que toutes les expéditions qui en ont été la suite ; qu'une partie du travail de ce Bureau a été mis sous les yeux de l'Assemblée de 1773 et a servi à lui faire connaître le produit qu'elle devait attendre des déclarations, les moyens à employer pour procéder à une répartition juste qui réparât les vices de la répartition provisionnelle de 1770, et enfin les opérations à faire pour procéder à la rédaction des rôles, au moyen desquels on put tenir compte à chaque contribuable du trop ou trop peu payé, suivant la répartition provisionnelle ;

Que c'était à la décharge des Etats que ce Bureau a opéré, que les Députés des Douze en ont suivi le travail et arrêté une partie des états de la dépense qu'il a occasionnée ;

Qu'ainsi il n'est pas douteux que ce ne soit à la Nation à rembourser les frais que ce Bureau a occasionnés, soit pour le payement des Commis et Scribes qui ont été employés, soit pour les dépenses et impressions des rôles, états et instructions relatifs à la Subvention.

Nosseigneurs les Commissaires du Roi ont remis en conséquence sur le Bureau de l'Assemblée les minutes et ordonnances expédiées par M. l'Intendant au bas des états des mois présentés par le Commis principal de ce Bureau pour le payement des Commis et autres frais de bureau, depuis le premier Décembre jusqu'au premier Juin prochain, ainsi que les mémoires de l'imprimeur ordonnancés aussi par M. l'Intendant pour les impressions faites pendant ledit temps.

Sur quoi, ils ont ajouté que l'Assemblée verrait par le relevé de ces états que les frais dudit Bureau montaient à vingt-cinq mille trois cent soixante-dix livres, huit sous, y compris celle de trois cents livres portée par estimation pour quelques dépenses qui restent à acquitter et qui ne sont point encore liquidées, et que les frais d'imposition montent à la somme de huit mille cinq cent quatre-vingt-dix-sept livres, dix-sept sous, savoir : huit mille quatre cent dix-sept livres, sept sous, pour le montant des états ordonnancés par M. l'Intendant, et cent quatre-vingt livres, dix sous, pour le montant de ceux qui restent à ordonnancer ;

Qu'ainsi l'Assemblée a à pourvoir au payement de la somme totale de trente-trois mille neuf cent soixante-huit livres, cinq sous, pour tous les frais du Bureau des impositions ;

Que ce Bureau devait cesser d'avoir lieu au premier Janvier dernier, mais que les Députés des Douze, reconnaissant la nécessité de le laisser subsister, en avaient écrit, tant aux Députés des Etats à la Cour qu'à M. le Contrôleur-Général lui-même qui leur avait répondu, le cinq Décembre dernier, que les Députés des Douze, ont adressé à ce Ministre une nouvelle lettre sur la nécessité du Bureau de la Subvention dont Nosseigneurs les Commissaires du Roi remettent la copie sur le Bureau de l'Assemblée, pour qu'elle délibère sur son contenu ce qu'elle jugera convenable ;

Qu'au surplus ils annoncent aux Etats que ce Bureau demeure supprimé, à compter du premier Juin prochain.

Sur quoi, la matière mise en délibération, les Etats ont dit que, quoique toujours disposés à donner les preuves les plus convainquantes de leur vif empressement à satisfaire aux intentions de Sa Majesté, ils ne peuvent s'empêcher de représenter respectueusement l'impossibilité absolue dans laquelle la Nation se trouve de pouvoir contribuer à l'acquittement des frais annoncés, qui relativement aux facultés de la Corse, ont été faits avec peu d'économie ;

Que MM. Jean-Baptiste Sansonetti et Augustin Pietri, membres de la Commission des Douze, par un excès de leur zèle, ont excédé dans les fonctions de leur Ministère, lorsqu'ils ont cru être autorisés à assujettir la Nation à une dépense si considérable ; que l'Assemblée Générale a seule le droit de connaître quelles sont ses charges et ses dettes, relativement aux impositions et aux autres frais ; que, quoique cet établissement ait été utile pour la rectification des déclarations des produits et pour rendre raison à ceux qui étaient trop chargés, ou trop légèrement imposés, relativement aux facultés respectives, si cette opération devait être à la charge da la Nation, l'Assemblée dernière aurait su trouver les moyens de la rendre moins dispendieuse.

Les Etats ont ici respectueusement réclamé les bons offices de Nosseigneurs les Commissaires du Roi, afin qu'ils daignent faire connaître l'état de misère de la Corse pour contribuer à cette charge nouvelle et imprévue ;

Que pour ce qui regarde l'établissement d'un nouveau Bureau, pour régler tant la Subvention passée que celle à venir, ainsi que pour le recouvrement de l'imposition des loyers des Gens de guerre et de toutes autres opérations relatives aux impositions de la Corse, l'Assemblée Générale a arrêté que la Députation examinera la nécessité de cet établissement et la manière de l'entretenir quand il sera nécessaire.

La présente Délibération a été signée tant de Nosseigneurs les Commissaires du Roi que par Mgrs les Evêques et Députés qui ont signé les autres de ce jour.

Dudit jour 29 Mai 1775.

Nosseigneurs les Commissaires du Roi ont dit que dans les Assemblées Provinciales, les Pièves d'Olmi, Sevenfuori, Bonifacio et Bozio, les Communautés de Sorbollano et la Serra et la Province d'Aleria ont réclamé soit contre les augmentations réglées par l'Assemblée Générale de 1773, sur les produits de la troisième année, soit contre les opérations qui avaient précédé ledit règlement ;

Que, quoique le principe à suivre sur de pareilles réclamations doit être en général d'éviter d'y revenir, l'Assemblée était invitée à les faire examiner pour reconnaître si dans le nombre de ces demandes, il n'y en a pas qui soient d'une justice évidente, auquel cas l'Assemblée y ferait droit;

Que c'était dans le même objet qu'ils remettaient sous ses yeux les requêtes présentées à M. l'Intendant par les Pièves d'Ampugnani et Rostino et par les Communautés de Giocatoggio, San Giovanni, S. Lucia, Pietricaggio et Santa Reparata, pour que l'Assemblée les examine et propose ce qu'elle trouvera juste de faire sur leurs réclamations;

Sur quoi, Nosseigneurs les Commissaires du Roi ont ajouté que la Piève de Pino pour Montemaggiore et la Piève de la Mezzana avaient formé des demandes tendantes à des diminutions des exemptions et des exceptions contraires aux principes d'une imposition réelle et universelle qui n'admet aucun privilège; que toutes les dispositions sur la Subvention dont l'Assemblée vient d'être instruite répondent à ces demandes d'une manière suffisante;

Que cependant la demande faite par la Piève de la Mezzana était la plus plausible, en ce qu'elle sollicitait l'exemption de la Subvention pendant vingt ans pour les terres nouvellement défrichées, qu'elle méritait une considération particulière en la réduisant à l'acceptation qui peut lui convenir;

Que l'on avait promis à la Colonie Grecque, à celle des Porrette et au Sieur Caraffa, en cas qu'il entreprît de rebâtir le Village de la Corbara, l'affranchissement de toutes impositions pour cinq années des terres qu'il mettrait en valeur;

Que cette disposition sera étendue à toutes les entreprises de même nature, et que ce ne sera pas même le seul encouragement par lequel Sa Majesté veut les seconder;

Qu'ainsi dans ce sens, les terres défrichées seront affranchies, suivant le vœu de la Piève de la Mezzana, mais seulement pour cinq années, le terme de vingt ans étant beaucoup trop long, surtout pour une imposition qui est légère en soi, et pour une exemption qui peut tomber sur une très grande partie de l'Ile;

Qu'au surplus, pour éviter tous abus à ce sujet, ceux qui formeront des défrichements obtiendront l'affranchissement de toutes les impositions pendant cinq ans, mais ils seront tenus d'observer les règles qui leur sont proposées pour assurer le sort des colons, et les attacher au Territoire qu'ils auront mis en valeur, cet affranchissement ne pouvant avoir pour objet les terres qu'on laisse en repos pendant plusieurs années, après avoir été mal cultivées, pendant un an ou deux.

Sur quoi, la matière mise en délibération, l'Assemblée Générale, après avoir fait ses respectueux remercîments à Nosseigneurs les Commissaires du Roi, de la gracieuse condescendance que Sa Majesté a bien voulu avoir à la demande de la Piève de la Mezzana, tendante à l'exemption de toutes impositions pour les terres qui seront nouvellement défrichées, a fait connaître que l'affranchissement de cinq années peut être un moyen suffisant pour encourager l'Agriculture en Corse, et pour faire sentir les avantages d'une bonne administration.

Quant aux représentations des différentes Communautés, il a été arrêté qu'elles seront renvoyées au Comité pour y être examinées et pour rapporter à l'Assemblée Générale ce qui doit être délibéré sur icelles.

Après quoi, la Séance a été renvoyée à demain, trente du présent mois, à neuf heures du matin.

La présente Délibération a été signée, tant par Mgr l'Evêque Président, que par Mgrs les Evêques Cittadella et de Guernes et les autres Députés qui ont signé les précédentes de ce jour.

Séance du 30 Mai 1775.

Monseigneur Guasco, Evêque Président, Mgrs les Evêques et Députés ci-devant dénommés s'étant rendus à la Salle de l'Assemblée, Mgr Guasco a dit que les Etats entendraient volontiers le résultat des observations des Députés sur la rectification des déclarations des productions contribuables de l'année du premier Octobre 1772 au premier Octobre 1773 qui avaient été renvoyées à leur examen, pour procéder ensuite aux opérations qui en dépendent.

Ensuite de quoi, M. l'Abbé Santini, nommé à l'Evêché du Nebbio et Président du Comité, a dit que le Comité ayant vu et observé avec attention la totalité des productions des différentes Provinces pour l'année 1772 à 1773, et, après avoir fait les réflexions nécessaires sur l'inexactitude dont elles paraissent plus ou moins défectueuses, et, après avoir pesé les raisons de chaque Province, il est convenu que l'augmentation par laquelle on peut corriger les irrégularités commises et porter le montant des deux vingtièmes de la susdite année du premier Octobre 1772 au premier Octobre 1773, au point le plus approchant à la vérité, pourrait être réglée de la manière suivante:

La Province de Bastia qui a déclaré 34,472 livres, 12 sous, 4 deniers, sera augmentée de . . . . 8,000.
La Province d'Aleria qui a déclaré 2,201 livres, sera augmentée de . . . . . . 8,000.
La Province de Bonifacio, Sartene et Istria, qui a déclaré 3,808 livres, sera augmentée de . . . . 12,000.

La Province d'Ajaccio qui a déclaré 21,063 livres, 11 sous, 6 deniers, sera augmentée de. . . . . 2,000.

La Province de Vico qui a déclaré 1,734 livres, 17 sous, 8 deniers, sera augmentée de. . . . . 2,260, 2, 4.

La Province de Balagne qui a déclaré 7,656 livres, 16 sous, sera augmentée de . . 7,343, 4.

La Province de Calvi qui a déclaré 2,545 livres, 17 sous, 8 deniers, sera augmentée de 2,000.

La Province de Corte qui a déclaré 10,140 livres, sera augmentée de . . . . . 1,860.

La Province du Nebbio qui a déclaré 4,684 livres, 7 sous, 5 deniers, sera augmentée de 1,815, 12, 7.

La Province du Cap-Corse n'aura aucune augmentation, mais elle restera à onze mille neuf cent soixante-une livres, huit sous, dix deniers, qu'elle a déclarés.

M. l'Abbé Santini a ajouté que le Comité soumet ce travail à la censure et au jugement des Etats, qui, par l'étendue de leurs lumières, en sauront connaître la justice ou les défauts et y apporter en conséquence telles modifications qu'ils réputeront convenables.

Sur quoi, l'Assemblée ayant écouté les opinions de Mgrs les Evêques et Députés, et, après avoir considéré particulièrement les représentations des Députés de la Province de Bastia ainsi que celles de Mgr de Guernes, en faveur de la Province d'Aleria, tendant à faire connaître la justice des déclarations des susdites Provinces et la modicité de leur produit et en conséquence l'injustice de l'augmentation proposée ;

Enfin, après avoir mûrement considéré les opinions et les réflexions relevées par plusieurs Députés, la matière mise en délibération, il a été arrêté que l'augmentation projetée par le Comité sur le produit de l'année 1772 à 1773, étant guidée avec sagesse, et avec proportion, sera exécutée entièrement, excepté la somme attribuée à la Province de Bastia qui consistait en huit mille livres et qui a été réduite à six mille livres.

L'Assemblée Générale, en témoignant au Comité sa pleine satisfaction sur le bon ordre de ce premier travail, ce qui répond à l'idée qu'elle a de son zèle et de son activité, et le prie de s'occuper à la répartition de l'augmentation qui vient d'être réglée sur les Provinces, en la subdivisant entre Piève et Piève de la même Province, et entre Communauté et Communauté de la même Piève ; pour mettre chaque Communauté à portée de savoir quelle est la quote de Subvention qu'elle a à payer, tant relativement aux déclarations fournies qu'aux augmentations réglées par cette Assemblée Générale et par les Etats derniers, et pour la mettre en état de payer, au mois de Septembre prochain, la moitié de l'imposition à laquelle elle sera assujettie.

La présente Délibération a été signée tant par Mgr l'Evêque Président que par Mgr Cittadella, Evêque du Nebbio, nommé à l'Evêché de Mariana, par M. l'Abbé Santini, nommé à l'Evêché du Nebbio, par MM. Emmanuelli et Alberti, Piévans, par MM. Jean-Baptiste Folacci et Colonna d'Istria, Députés Nobles, et par MM. Tusoli et Pozzo di Borgo, Députés du Tiers-Etat.

Par Nosseigneurs les Commissaires du Roi,
Signé : GIUBEGA.

Dudit jour 30 Mai 1775.

Monsieur l'Abbé Santini, nommé à l'Evêché du Nebbio et Président du Comité, a dit qu'un des objets sur lesquels le Comité s'était occupé est celui qui regarde le traitement des Commissaires aux rôles chargés des commissions portées par la délibération du 27 de ce mois, ainsi qu'à la distribution des six Districts pour en assigner un à chacun des Commissaires d'une étendue égale, ce qui a été réglé de la manière suivante :

PREMIER DÉPARTEMENT.

Province de la Rocca, Bonifacio, Istria, Piève de Talavo et d'Ornano.

SECOND DÉPARTEMENT.

La Ville et Piève d'Ajaccio, Piève de Cauro, Piève de Celavo, Piève de la Mezzana, Piève de Cinarca et Province de Vico.

TROISIÈME DÉPARTEMENT.

Province de Calvi, Province de Balagne, Piève de Caccia, Piève de Niolo.

QUATRIÈME DÉPARTEMENT.

Province de Bastia.

CINQUIÈME DÉPARTEMENT.

Province du Nebbio, Province du Cap-Corse, Piève de Bigorno ou Costere et Piève de Canale.

SIXIÈME DÉPARTEMENT.

Province de Corte et d'Aleria.

Que le Comité a cru que les appointements des Commissaires aux rôles pourraient être réglés à mille livres chacun, auxquels on réunirait les six cents livres pour lesquelles Sa Majesté veut bien y contribuer;

Que ces mille livres qui seront à la charge de la Nation, devraient être payées, moitié trois mois après que les Commissaires auront commencé leur travail, et l'autre moitié après que leurs commissions seront finies, et que les Douze auront certifié qu'elles ont été remplies conformément à l'instruction qui leur sera donnée.

L'Assemblée Générale, quoique persuadée que le traitement qui vient d'être proposé pour les Commissaires aux rôles, bien loin d'être excessif, est fort modéré en proportion des soins et des frais auxquels ils seront sujets, néanmoins, comme elle compte beaucoup sur le zèle des Commissaires qui seront nommés, et voyant l'état de pauvreté où la Nation se trouve pour pouvoir contribuer à toutes les dépenses qui sont à sa charge, il a été arrêté que la Nation payera six cents livres à chacun d'eux, de la manière et aux époques annoncées par le Comité; quant au partage des Districts, il a été arrêté qu'on suivra celui que le Comité a proposé.

Après quoi, la Séance a été remise à demain, 31 de ce mois, à neuf heures du matin.

La présente Délibération a été signée tant par Mgr l'Evêque Président, que par Mgrs les autres Evêques et Députés qui ont signé la précédente de ce jour.

Dudit jour 31 Mai 1775.

Nosseigneurs les Commissaires du Roi ont dit que, quoique les règles pour les logements de Gens de guerre fussent clairement établies par l'Arrêt du 24 Octobre 1772 et par celui du 30 Septembre 1774, qui vient d'être imprimé et publié, on était cependant extrêmement en retard sur cet objet, et qu'il devenait indispensable d'y mettre la dernière main, qu'il fallait donc que l'Assemblée s'en occupât sérieusement et efficacement, et que pour la mettre en état de le faire, ils allaient lui faire connaître la situation des choses à cet égard, et les moyens à employer pour y parvenir;

Qu'en prenant cette affaire sous ce point de vue le plus général, il y avait à considérer : 1º une imposition générale sur toutes les maisons de l'Ile, pour payer les loyers de celles occupées par les troupes du Roi ; 2º le payement de ces loyers ;

Qu'il ne sera question dans cette Séance que de ce qui concerne l'imposition des maisons, sur quoi Nosseigneurs les Commissaires du Roi ont observé que, par l'Arrêt du 24 Octobre 1772, toutes les maisons de l'Ile sans distinction ni privilège étaient déclarées sujettes à l'imposition pour les logements, et que, comme elles n'ont pas été comprises dans les biens sujets à la Subvention, elles ont été imposées aux deux vingtièmes de leur produit, avec cette distinction que les maisons louées ont été imposées aux deux vingtièmes de leurs loyers, sous la déduction du dix pour cent dudit loyer pour tenir lieu de frais de réparations, et que les maisons occupées par les Propriétaires l'ont été suivant l'estimation qui en a été faite en exécution des ordres de M. l'Intendant, conformément aux dispositions de l'Article 14 de l'Arrêt du 24 Octobre 1772 ;

Qu'il est réglé que l'imposition remontera pour les unes et pour les autres au premier Octobre 1769 ;

Que l'Arrêt du 30 Septembre 1774 ne change rien au fond dans tout ce qui a été fait pour connaître le loyer des maisons louées dans l'Ile, dont les deux vingtièmes, déduction faite de dix pour cent pour les réparations, ont produit, suivant l'état particulier que Nosseigneurs les Commissaires du Roi remettent sur le Bureau, une somme de quarante-trois mille livres, quinze sous, deux deniers, pour les trois années du premier Octobre 1769 au premier Octobre 1772, savoir, vingt-six mille cinq cent quatre-vingt-trois livres, six sous, cinq deniers, pour les deux années qui ont été réunies dans les états qui ont été demandés, et seize mille cinq cent quatre-vingt-huit livres, huit sous, neuf deniers, pour la troisième année ;

Qu'on ne peut juger que par approximation de ce que produiront les deux vingtièmes des maisons louées pour les deux années, du premier Octobre 1772 au premier Octobre 1774, et les suivantes, parce que toutes les Communautés n'ont point encore fourni leurs déclarations pour la première de ces deux années, et qu'on ne leur en a pas encore demandé pour l'autre ; mais qu'on peut présumer que cette imposition montera au moins à la même somme de seize mille cinq cent quatre-vingt-huit livres, huit sous, neuf deniers, par an.

Nosseigneurs les Commissaires du Roi passant aux deux vingtièmes des maisons occupées par les Propriétaires ont observé qu'ils avaient donné lieu à des remontrances, lors de la dernière Assemblée des Etats, auxquelles Sa Majesté avait bien voulu avoir égard, que ces remontrances tombaient sur le passé et sur l'avenir ;

Que, quant au passé, l'Assemblée avait demandé qu'il plût au Roi substituer aux évaluations réglées par l'Arrêt du 24 Octobre 1772 un prix fixé pour chaque maison sur un tarif que les Etats ont eux-mêmes indiqué, et que Sa Majesté avait adopté par l'Article premier de l'Arrêt du 30 Septembre pour avoir lieu jusqu'au premier Octobre 1774 ;

Que, pour l'avenir, les Etats avaient demandé que les maisons occupées par les Propriétaires fussent exemptes de toute imposition, sauf à pourvoir par une imposition accessoire à la Subvention à l'insuffisance des deux vingtièmes des maisons louées pour payer le loyer des maisons occupées par les troupes ; que l'Assemblée a pu connaître par l'extrait du cahier des Etats de 1773 et des réponses du Roi, ainsi que par l'article 2 de l'Arrêt du 30 Septembre dernier, que Sa Majesté avait bien voulu accorder cette demande ;

Que, pour remplir à cet égard les intentions du Roi et répondre en même temps au vœu de la Nation, on devait abandonner les errements du travail fait sous les ordres de M. l'Intendant, pour estimer les maisons occupées par les Propriétaires jusqu'au premier Octobre 1772, et les rôles mis en conséquence en recouvrement, et taxer toutes ces maisons, depuis le premier Octobre 1769 jusqu'au premier Octobre 1774, suivant le tarif proposé par les Etats et fixé par l'article premier de l'Arrêt du 30 Septembre ;

Que, pour cet effet, la Nation s'aidera du travail qu'elle fera faire pour la Subvention dans chaque Communauté de l'Ile par les six Commissaires aux rôles qui sont chargés de faire en même temps dans les Communautés de la Campagne le relevé particulier des maisons, chambres, chaumières et pressoirs sujets à l'imposition avec les noms de leurs Propriétaires ; que pour les maisons des Villes, elles seront constatées et estimées ainsi, et de la manière portée par l'article 14 de l'Arrêt du 24 Octobre 1772, et que sur ces relevés, il serait procédé par M. l'Intendant à la taxe des maisons qui seraient comprises, suivant les règles prescrites par l'Arrêt du 30 Septembre 1774;

Qu'ainsi il sera fait pour chaque Ville ou Communauté un seul rôle des cinq années échues au premier Octobre 1774, pour les maisons occupées par les Propriétaires, lequel rôle sera mis en recouvrement le plus tôt qu'il sera possible, avec la clause expresse de prendre pour comptant ce que les Propriétaires justifieront avoir payé sur les rôles arrêtés par M. l'Intendant, jusqu'au premier Octobre 1772, et dont le recouvrement sera suivi, au moyen de quoi, ce seul rôle terminera tout ce qui peut être relatif aux maisons occupées par les Propriétaires, et il n'y aura plus à y revenir, que, quant aux maisons louées, l'Assemblée verra, par l'état qui en est remis sous ses yeux, que les rôles qui sont arrêtés pour les années depuis le premier Octobre 1772 jusqu'au premier Octobre 1774, ne montent qu'à la somme de . . . . .

Mais qu'il est à observer que la plus grande partie des Communautés est en retard de fournir les états qui ont été demandés.

Sur quoi, Nosseigneurs les Commissaires du Roi ont remis le relevé des Communautés qui avaient fourni ces déclarations, et de celles qui ne les avaient point envoyées.

Que, dans cette position des choses, s'il n'était pas possible de présenter à l'Assemblée l'objet du produit des deux vingtièmes des maisons louées jusqu'au premier Octobre 1774, on pourrait au moins compter que ce produit serait le même que celui de l'année du premier Octobre 1771 au premier Octobre 1772, lequel, suivant l'état qui vient d'être remis sur le bureau de l'Assemblée, est de la somme de seize mille cinq cent quatre-vingt-huit livres, huit sous, neuf deniers;

Que M. l'Intendant mettra le recouvrement de cette partie en activité le plus tôt qu'il sera possible, tant pour les rôles qui sont déjà faits que pour ceux qui restent à faire, mais qu'il est nécessaire que l'Assemblée prenne les mesures convenables pour que les Communautés qui sont en retard de fournir leurs déclarations à cet égard, y satisfassent sans délai ;

Qu'au surplus on n'omettra point dans les rôles des maisons louées, celles occupées par les Officiers, attendu que Sa Majesté ayant pris ce loyer à sa charge, et ayant donné des ordres pour qu'il soit acquitté, les Propriétaires qui en doivent les deux vingtièmes, ne peuvent plus se dispenser de les payer.

Sur quoi, la matière mise en délibération, les Etats sentant tout le prix des concessions gracieuses par lesquelles Sa Majesté, adhérant aux demandes de la Nation, a exempté les maisons occupées par les Propriétaires, de l'imposition pour les logements des Gens de guerre, a déchargé la Nation du loyer des bâtiments appartenant à son Domaine, et a fait remise des sommes payées jusqu'à ce jour par la Caisse civile pour l'entretien et réparations des maisons occupées par les Troupes, les Etats ont témoigné leur gratitude la plus respectueuse de toutes les marques de la munificence Royale, il a été arrêté que la Commission des Douze écrira promptement aux Communautés qui sont en retard, pour les solliciter de remettre les rôles des maisons louées, pour que l'on puisse connaître aisément le montant des loyers, et suppléer au surplus à ce qui peut être nécessaire pour acquitter le loyer des logements des Gens de guerre par l'excédent de l'abonnement de la Subvention ou par les augmentations qu'on jugera à propos de faire au marc la livre de la Subvention même; mais en attendant, pour ne pas apporter de retard au payement desdits loyers, il a été arrêté que l'on considérera pour le présent le montant du produit des deux vingtièmes des maisons louées comme se portant à seize mille cinq cent quatre-vingt-huit livres, conformément à l'état des années du premier Octobre 1771 au premier Octobre 1772, sauf les modifications ou augmentations à faire par la suite, et que l'on connaîtra ainsi l'objet du supplément qui serait nécessaire au payement entier du loyer des maisons occupées par les Troupes ou pour le service du Roi ;

Que pour mieux connaître le vrai produit des deux vingtièmes des maisons louées, les Commissaires aux rôles seront chargés de vérifier les évaluations qui en ont été faites, et s'ils les trouvent au-dessous du vrai produit, ils les porteront au juste taux auquel elles doivent être.

La présente Délibération a été signée tant par Nosseigneurs les Commissaires du Roi que par Mgr de Guernes, Evêque d'Aleria, par M. l'Abbé d'Astier, Grand-Vicaire d'Ajaccio, par MM. Guidoni et Ogliastri, Piévans, par MM. Roccaserra et Poli, Députés Nobles, Galloni et Carli, Députés du Tiers-Etat.

Par Nosseigneurs les Commissaires du Roi,
Signé : GIUBEGA.

Dudit jour 30 Mai 1775.

Nosseigneurs les Commissaires du Roi ont dit que, conformément aux dispositions de l'Arrêt du 14 Octobre 1772, concernant l'imposition des deux vingtièmes sur les maisons tant louées qu'occupées par les Propriétaires, la Nation était chargée d'acquitter sur le produit de cette imposition, le loyer des bâtiments occupés par les Troupes ou pour le service du Roi.

Que l'on a été arrêté longtemps par l'inconvénient de faire payer l'imposition aux Propriétaires, avant qu'ils n'aient reçu les loyers dont elle fait partie ; qu'on avait imaginé de rendre des Ordonnances de compensation, en vertu desquelles les Propriétaires n'auraient payé les deux vingtièmes qu'avec du papier ; que, quoique cet expédient soit très louable par les motifs qui la suggèrent, il a mis de l'embarras dans l'opération, en la compliquant assez pour faire disparaître aux yeux de la Nation les avantages qui en résultent, qu'en conséquence le Roi permettait qu'on l'abandonnât et qu'on s'en tint à un moyen plus simple ;

Que l'on commencerait donc par prendre dans la Caisse civile les fonds nécessaires pour payer dans une des Provinces de l'Ile, tous les loyers qui sont dûs pour les maisons occupées par les Troupes jusqu'au premier Octobre 1774 ; que l'on consommera ce payement, et qu'ensuite, et le plus tôt qu'il sera possible, on lèvera dans la même Province les deux vingtièmes dûs jusqu'à la même époque, tant pour les maisons louées que pour celles occupées par les Propriétaires; que ce recouvrement mettra en état de faire la même opération sur la Province voisine, ce qui sera ainsi continué pour les autres Provinces de l'Ile ; mais que, pour que ce plan soit promptement exécuté, l'Assemblée sentira la nécessité de ne pas perdre un instant à procurer à M. l'Intendant les renseignements dont il a besoin pour régler la taxe de chaque Communauté, tant pour les maisons louées que pour celles occupées par les Propriétaires, afin que ceux à qui il est dû des loyers, puissent enfin recevoir les arrérages qui leur en seront dûs, et qu'ils soient par conséquent en état, non seulement de payer l'imposition des deux vingtièmes, mais encore de subvenir aux réparations d'entretien qui les concernent.

Nosseigneurs les Commissaires du Roi ont observé que l'obligation de la Nation, relativement aux maisons occupées par les Troupes, a deux parties, 1° le loyer qu'elle en doit au Propriétaire, 2° les réparations qui sont à sa charge ;

Que, quant aux loyers, l'Assemblée verra par l'état remis actuellement sur son Bureau que les loyers dûs par la Nation, depuis le premier Avril 1770 qu'ils ont commencé d'être à sa charge, jusqu'au premier Octobre 1774, montent à la somme totale de cent trente-huit mille huit cent cinquante-trois livres, un sou, huit deniers ; qu'en en déduisant le montant des deux vingtièmes à retenir et les payements faits à compte jusqu'à présent, il ne reste plus à payer que la somme de cent dix mille sept cent trente-une livres, quatorze sous, quatre deniers ;

Que, sur cette somme, il y aura à tenir compte à la Nation des loyers dûs au Roi pour raison des bâtiments du Domaine qui sont occupés par les Troupes, et dont Sa Majesté a bien voulu faire remise à la Nation ; que cet objet, suivant un autre état remis à l'instant à l'Assemblée, monte depuis le premier Avril 1770 jusqu'au premier Octobre 1772, à la somme de quatre mille cinq cent soixante-quinze livres, treize sous, six deniers ;

Que, d'un autre côté, les Officiers Municipaux de plusieurs Villes ont employé une partie des deniers provenant de l'imposition sur les maisons à payer les loyers dûs pour les emplacements occupés pour le service des Troupes du Roi, de quoi on n'a pas pu parvenir jusqu'à présent à avoir d'eux une connaissance exacte ;

Qu'ainsi l'effet de cette conduite est, d'un côté, de présenter la Nation beaucoup plus en retard qu'elle ne l'est de payer l'imposition des maisons, et de l'autre, de faire paraître que le montant des loyers qui restent dûs pour raison des bâtiments occupés par les Troupes, est beaucoup plus considérable qu'il ne l'est en effet ;

Que l'Assemblée doit donc prendre les moyens les plus sûrs pour constater en détail toutes les sommes que les Officiers Municipaux ont reçues à compte sur les impositions des maisons, et l'emploi qu'ils en ont fait.

Au reste, Nosseigneurs les Commissaires du Roi ont observé que plusieurs causes concourent à diminuer successivement la charge de la Nation pour le loyer des maisons ocpées par les Troupes ;

1º Les Casernes que Sa Majesté veut bien faire construire et entretenir à ses frais, à Corte, à Calvi, à Vico, à Ajaccio et à Bonifacio ;

2º La diminution dans le nombre des Troupes, à mesure que le besoin en diminuera par le rétablissement de la tranquillité ;

3º L'abandon que les Religieux Mendiants ont fait à la Nation, pour raison des bâtiments qui leur appartiennent et que les Troupes occupent ;

4º La remise que le Roi daigne faire à la Nation des loyers des bâtiments du Domaine à qui on a donné cette destination.

A cette occasion, Nosseigneurs les Commissaires du Roi ont dit qu'ils avaient à faire part à l'Assemblée de l'arrangement arrêté avec Mgr l'Evêque de Sagone ; que le Roi avait fait expédier sur la Caisse civile à Mgr l'Evêque de Sagone une Ordonnance de gratification de la somme de quatre mille huit cent livres pour lui tenir lieu de payement des loyers qui lui étaient dûs pour raison de l'occupation par les Troupes de son Palais de Vico et de celui de Calvi ; que, pour ôter cette charge à l'avenir à la Nation, autant que pour donner à ce Prélat un témoignage de sa satisfaction, Sa Majesté avait consenti d'acquérir l'un et l'autre Palais par voie d'échange contre un terrain du Domaine à Calvi, et de donner pour plus value à Mgr l'Evêque de Sagone une somme de vingt mille livres, pour lui servir à construire un Palais Episcopal ;

Que ce nouveau bienfait était une preuve des bontés de Sa Majesté pour la Nation, dont il n'était pas à douter que l'Assemblée ne sentît toute l'étendue, et ne s'empressât d'en témoigner sa respectueuse reconnaissance, en s'occupant du soin de répondre aux intentions du Roi dans tout ce qui venait de lui être annoncé ;

Qu'à l'égard de ce qui concernait les réparations dont la Nation était tenue dans les maisons occupées par les Troupes du Roi, il y en avait d'antérieures au premier Octobre 1774, qu'on en a fait depuis et que successivement il s'en présentera de nécessaires à faire ;

Que, pour tout le passé, jusqu'au premier Octobre 1774, le Roi avait consenti d'en faire l'avance à mesure du besoin, pour en être remboursé sur les bénéfices de l'abonnement de la Subvention ;

Que, par l'Article 4 de l'Arrêt du 30 Septembre, le Roi déclare, conformément aux réponses de Sa Majesté au cahier des Etats de 1773, qu'il veut bien par grâce spéciale, et sans tirer à conséquence, en faire don et remise à la Nation ; que pour lui faire connaître jusqu'où s'étend ce don et la reconnaissance qu'elle en doit, ils remettent sur le Bureau de l'Assemblée les états de ce qui a été payé pour les réparations, tant par la Caisse civile que par la Caisse militaire, ce qui forme un total de trente-cinq mille sept cent quatre-vingt treize livres, onze sous, un denier ; savoir, vingt trois mille deux cent vingt-sept livres, huit sous, sept deniers, par la Caisse civile, et douze mille cinq cent soixante-six livres, deux sous, six deniers, par la Caisse militaire ;

Que, quant à l'avenir et à ce qui s'est fait depuis le premier Octobre 1774, Nosseigneurs les Commissaires du Roi ont dit qu'ils avaient à recommander à la Nation de donner le plus grand soin aux réparations qui restent à sa charge, soit par l'Article 7 de l'Arrêt du 24 Octobre 1774, dans les maisons des Religieux Mendiants, soit par l'Article 3 de l'Arrêt du Conseil du 30 Septembre 1774, dans les maisons qui appartiennent au Domaine, soit enfin par l'Article 5 du même Arrêt dans les maisons des Particuliers.

En conséquence de quoi Nosseigneurs les Commissaires du Roi ont ajouté que les dispositions ci-dessus satisfaisaient aux demandes faites dans les dernières Assemblées Provinciales, par la Pième d'Aregno et par la Communauté de Quenza pour être déchargées de l'imposition sur les maisons occupées par les Propriétaires ;

Qu'enfin, ils remettaient à l'Assemblée Générale, pour plus grande instruction, quatre états arrêtés par le Trésorier de la Caisse de la Nation, savoir, un état des Ordonnances de compensation accordées aux Propriétaires des maisons occupées par les Troupes en payement et à compte de ce qui leur était dû pour les loyers, ce qui forme au 25 Mai une somme de mille neuf cent quarante livres, quinze sous, neuf deniers; mais qu'il est à observer que cet état ne comprend que les Ordonnances remises par les Contribuables aux Trésoriers des Provinces et non pas le montant de toutes celles qui ont été expédiées;

2° Un état des décharges prononcées sur les deux vingtièmes des maisons et qui doivent être déduites du produit de cette imposition, ce qui audit jour 25 Mai forme un objet de trois mille sept cent quatre-vingt livres, deux deniers;

3° L'état des payements faits en argent à compte du loyer des maisons, et qui montent à onze mille huit cent quatre-vingt-huit livres, sept sous, sept deniers;

4° Enfin l'état de ce qui reste dû par la Nation, au vingt-cinq Mai, pour solde des loyers échus au premier Octobre 1772, et qui est de soixante-sept mille six cent soixante-treize livres, neuf sous, cinq deniers, sur quoi il est à remarquer que cet état diffère de celui qui vient d'être remis à l'Assemblée, et qui porte le restant dû à cent dix mille sept cent trente-une livres, quatorze sous, quatre deniers, parce que ce dernier comprend les loyers dûs jusqu'au premier Octobre 1774.

Sur quoi, la matière mise en délibération, l'Assemblée Générale, en renouvelant les expressions de sa gratitude pour le Règlement que Sa Majesté vient de donner concernant l'imposition des logements des Gens de guerre, a délibéré que tous les états seront renvoyés au Comité, pour s'occuper du choix des moyens les plus propres à satisfaire aux sommes qui sont en arrérage.

Après quoi, la Séance a été renvoyée à demain, neuf heures du matin.

La présente Délibération a été signée tant par Nosseigneurs les Commissaires du Roi que par Mgrs les Evêques et Députés qui ont signé les précédentes de ce jour.

Séance du 1er Juin 1775.

Monseigneur Guasco, Evêque Président, et Mgrs les Evêques et Députés s'étant rendus à la Salle de l'Assemblée, M. l'Abbé Santini, nommé à l'Evêché du Nebbio, a dit que, dans la Séance du 29 Mai, Nosseigneurs les Commissaires du Roi ont annoncé que la Nation devait payer les frais de l'établissement du Bureau de la Subvention, depuis le premier Septembre 1773, dont le montant était de trente-trois mille neuf cent soixante-huit livres, cinq sous, et que ce Bureau, depuis hier, a été supprimé; que c'était à l'Assemblée à examiner la nécessité de cet établissement et à s'occuper du soin de trouver les moyens de subvenir à son entretien; que la Députation a reconnu qu'il est de toute nécessité que ce Bureau continue, sans quoi, il ne serait guère possible de régler la répartition et le recouvrement de la Subvention et de l'imposition des logements des Gens de guerre; qu'elle a cru nécessaire d'assigner pour son entretien huit mille quatre cent livres par an payables sur l'excédent de l'abonnement de la Subvention et sur l'augmentation qu'il faudra faire au marc la livre de la Subvention pour satisfaire aux charges de la Nation;

Que les huit mille quatre cent livres seront payées, à raison de sept cents livres par mois, et Nosseigneurs les Commissaires du Roi seront priés d'en permettre l'avance, jusqu'à ce que les fonds de la Nation soient rentrés ;

Que cette somme ne sera que provisoire, jusqu'à la tenue de la première Assemblée Générale, qui aura à examiner si elle est trop excessive ou trop modique, en proportion des frais et du travail, pour la modifier ou augmenter, comme elle le trouvera convenable ;

Que la direction de ce Bureau sera attribuée à M. Giubega, Greffier des Etats, qui, moyennant la susdite somme de huit mille quatre cent livres, sera tenu de payer tous les Commis, Scribes et frais qui seront nécessaires.

Sur quoi, la matière mise en délibération, il a été arrêté que le Bureau subsistera, et qu'il sera sous la direction du Sieur Giubega, moyennant la rétribution de huit mille quatre cent livres par an, qui sera provisoire jusqu'à l'Assemblée des Etats prochains, qui pourra statuer ce qu'elle croira nécessaire pour le bon ordre, et pour l'indemnité de la Nation.

En outre, il a été arrêté que les deux membres de la Commission des Douze prieront M. l'Intendant d'accorder pour l'établissement de ce Bureau deux chambres qui sont contigues à la maison des Douze, et de se faire remettre tous les ustensiles dont le premier Bureau était pourvu.

La présente Délibération a été signée tant de Mgr l'Evêque Président que de Mgr Cittadella, Evêque du Nebbio, nommé à l'Evêché de Mariana et Accia, de M. l'Abbé Santini, nommé à l'Evêché du Nebbio, de MM. Franceschi et Villanova, Piévans, Petriconi et Antoni, Députés Nobles, La Rosata et Nicolai, Députés du Tiers-Etat.

La Séance a été remise à demain, deux du présent mois, neuf heures du matin.

Par Nosseigneurs les Commissaires du Roi,
GIUBEGA, Greffier en chef.

Séance du 2 Juin 1775

Monseigneur Guasco, Evêque Président, et Mgrs les Evêques et Députés ci-devant dénommés, M. l'Abbé d'Astier, Vicaire-Général d'Ajaccio, absent, s'étant rendus à la Salle de l'Assemblée, Mgr Doria, Evêque d'Ajaccio, ci-devant absent à cause de maladie, s'est présenté aux Etats et prenant séance, suivant l'antériorité de sa Consécration et l'ancienneté dans l'Episcopat, s'est assis au premier rang et, comme l'Evêque le plus ancien, devra ensuite présider à toutes les Assemblées ordinaires où Nosseigneurs les Commissaires du Roi n'assisteront pas.

Après quoi, Monseigneur Doria, Evêque Président, a dit qu'il n'ignore pas qu'un des objets dont le Comité a été chargé de s'occuper a été celui de rédiger une instruction pour expliquer et procurer une prompte exécution de l'Arrêt du Conseil d'Etat du Roi du 30 Septembre 1774, concernant la répartition et la perception de la Subvention à laquelle la Nation Corse se trouve imposée.

Que l'Assemblée est instruite que le Comité a terminé son travail à cet égard, et qu'elle en entendra volontiers le rapport.

Ensuite de quoi, M. l'Abbé Santini, nommé à l'Evêché du Nebbio, a dit que le Comité a employé tout son zèle et son activité pour rédiger cette Instruction; qu'il a tâché d'y réunir tous les moyens qui lui ont paru être les plus analogues au but qu'on se proposait: que le Comité a cru que les Commissaires des rôles devaient étendre leurs recherches à savoir quelles étaient les sommes qui avaient été payées dans chaque Communauté de leurs départements respectifs, depuis l'année 1770 jusqu'à présent, tant pour les deux vingtièmes de la Subvention que pour l'imposition des logements des Gens de guerre ;

Qu'ayant ainsi ajouté aux peines et aux frais des six Commissaires, le Comité a cru juste d'augmenter de six cents livres le traitement de chacun d'eux.

La lecture du projet d'instruction rédigé par le Comité ayant été faite, ensuite, après avoir entendu les différents avis des Députés, l'Assemblée Générale a arrêté qu'il serait différé jusqu'à demain de délibérer sur ladite instruction, afin que les Etats eussent le temps d'en examiner les dispositions ; que cependant le Sieur Giubega, Greffier en chef, en donnerait communication à Nosseigneurs les Commissaires du Roi ;

Et quant à l'augmentation des honoraires des six Commissaires, il a été délibéré que, conformément à la proposition du Comité, elle sera de six cents livres pour chacun pour en être payés de la manière et dans la proportion réglée dans la Séance du 31 Mai dernier.

Après quoi, l'Assemblée a été remise à demain, trois du courant, à neuf heures du matin.

La présente Délibération a été signée tant par Mgr Doria, Evêque Président, que par Mgrs les Evêques Guasco et de Guernes, de MM. Gavini et Guidoni, Piévans, Casalta et Cattaneo, Députés Nobles, Ferdinandi et Filippi, Députés du Tiers-Etat.

Par Nosseigneurs les Commissaires du Roi,
GIUBEGA, *Greffier en chef.*

Séance du 3 Juin 1775

Nosseigneurs les Commissaires du Roi, Mgrs les Evêques et Députés ci-devant nommés, s'étant rendus à la Salle de l'Assemblée, Nosseigneurs les Commissaires du Roi ont dit que, dans la Séance du 27 du mois de Mai dernier, l'Assemblée Générale avait été invitée de s'occuper à rédiger une instruction qui facilitât l'intelligence et l'exécution de l'Arrêt du Conseil d'Etat du Roi du 30 Septembre 1774, concernant la Subvention, et qui assurât à la Notion les avantages que ce nouveau règlement lui procure ;

Que les Etats ayant dans leur Délibération dudit jour envoyé cette opération au Comité, il a rempli à cet égard la commission dont il avait été chargé ;

Que le projet de cette instruction leur a été donné en communication par le Greffier des Etats, qu'il est question que l'Assemblée Générale fasse de nouveau ses observations, qu'elle examine et juge si les moyens indiqués par le Comité et les précautions qu'il propose embrassent tous les objets capables de pourvoir à la répartition de la Subvention de manière à en démontrer la justice par la simplicité et l'exacte proportion, et à en faciliter le recouvrement.

A l'effet de quoi, Nosseigneurs les Commissaires du Roi ont ordonné de faire lecture à haute et intelligible voix de ladite Instruction qui s'est trouvée être de la teneur suivante:

INSTRUCTION

SUR L'ARRÊT DU CONSEIL D'ÉTAT DU ROI

DU 30 SEPTEMBRE 1774.

L'édit du Conseil du 30 Septembre de l'année dernière, en Nous donnant un nouveau plan d'imposition beaucoup plus simple et moins compliqué que celui qu'on a suivi jusqu'ici, nous garantit une répartition plus juste et moins arbitraire et la plus capable d'éviter les abus qui n'ont été que trop communs par le passé.

Pour jouir de tous les avantages d'un Règlement aussi sage qui supprime tant d'inutiles et pénibles formalités et fait connaître l'inexactitude et la défectuosité des déclarations précédentes, relativement aux produits, Nosseigneurs les Commissaires du Roi, dans la Séance du 27 du mois de Mai dernier, ont invité l'Assemblée Générale à l'accompagner d'une instruction claire et précise, et qui règle les opérations qui tendent à son exécution.

Pour assurer donc la justesse et la proportion de l'imposition qui, quoique modérée par elle-même, devenait onéreuse et très difficile à percevoir, à cause de l'obscurité, l'embarras et les erreurs qui s'étaient trouvés à la suite des déclarations des récoltes, ce qu'on a voulu rectifier par le nouveau Règlement, toutes les Communautés de la Corse devront se conformer à l'Instruction suivante :

ARTICLE PREMIER.

Tous les Propriétaires des biens champêtres seront obligés, dans le courant du mois d'Août prochain, d'en faire la déclaration pardevant le Greffier de la Communauté, dans le Territoire de laquelle ils sont situés, en expliquant quel est le Quartier ou Territoire où sont situées leurs terres, comme aussi la quantité et qualité d'icelles.

Art. 2.

Les Propriétaires qui auront des biens dans une Communauté différente de celle de leur domicile, et qui s'y seront transportés, ou la personne qu'ils en auront chargée par écrit, pour faire la déclaration ordonnée, s'ils ne trouvent point le Greffier pour la recevoir, pourront la faire pardevant les Podestats ou Pères du Commun, ayant soin d'en retirer un certificat pour leur décharge.

Art. 3.

Les biens qui ne sont point partagés et qu'on possède en commun devront être déclarés comme tels, en ayant le soin de spécifier la portion de chacun en particulier.

Art. 4.

Les biens appartenant aux Communautés ou ceux sur lesquels elles ont des prétentions seront déclarés par les Podestats et Pères du Commun, en distinguant séparément ceux qui ont des limites fixes, et qui forment leur patrimoine, d'avec ceux qui ne sont point partagés par des limites ou par des conventions écrites, et dont l'usage est réputé commun avec d'autres Communautés ou Pièves, ou même à toute la Nation, conformément au Statut Civil, chapitre 39.

Art. 5.

Les biens appartenant au Domaine du Roi seront déclarés par l'Inspecteur, ou par le Directeur des Domaines lui-même, dans leur district respectif, et dans les Communautés où il ne se trouvera point de Directeur, les déclarations seront faites par les Podestats et Pères du Commun.

Art. 6.

Lorsque les Podestats et Pères du Commun qui sont actuellement en exercice, conjointement avec le Podestat précédent, jugeront que le Greffier de leur Communauté par son âge, par raison de maladie, ou par défaut de connaissances relatives aux fonctions de son ministère, n'est point en état de recevoir les déclarations prescrites, et avec toutes les formalités que les Experts devront faire observer, ils pourront nommer et substituer, pour remplir cette commission, un autre sujet, quoique d'une Paroisse différente, en se conformant à la présente Instruction, et si quelque Greffier se trouvait injustement lésé, en se voyant remplacer par un autre, il pourra recourir à Mgrs les Commissaires du Roi qui décideront entre lui et les Officiers Municipaux, selon l'exigence du cas.

Art. 7.

Conformément à l'article 3 de l'Arrêt mentionné du 30 Septembre, toutes les Terres de la Corse seront divisées en trois classes, c'est-à-dire en bonnes, médiocres et mauvaises.

Art. 8.

Les Particuliers qui n'auront pas fait leurs déclarations dans le temps prescrit seront taxés sur la commune renommée pour les Terres qu'ils possèdent dans la Communauté, et payeront en outre, au profit d'icelle, le double de la taxe, à titre d'amende, comme il est prescrit par l'article 8 de l'Arrêt de la Subvention du 24 Octobre 1772, et les Commissaires choisis pour former les rôles dont on fera mention ci-après seront chargés de faire payer toutes lesdites amendes, et ils en remettront la note au Greffe des Etats.

Art. 9.

De tous les biens qui auraient pu être changés, vendus, donnés ou aliénés, de quelque façon que ce soit après la déclaration ordonnée, et après la répartition de l'imposition de l'année à commencer au premier Octobre 1773 jusqu'au premier Octobre 1774, l'acheteur, le vendeur, le donateur et le donataire, le permuteur ou tel autre acquéreur, sera obligé, sous peine de perdre le revenu d'une année de ladite Terre acquise, et non déclarée, au profit de la Communauté, dans l'espace d'un mois, après l'aliénation et acquisition, de faire la déclaration devant le Greffier de la Communauté dans le Territoire à laquelle se trouve le bien aliéné, et desdites déclarations on tiendra registre, ayant soin d'en remettre copie tous les mois au Greffe des Etats. La Communauté fera la taxe et le tarif de ce que le Greffier pourra exiger pour chaque déclaration et expédition d'icelle qui sera à la charge de celui qui se dira l'acquéreur;

Art. 10.

Quoique le produit des Bois n'ait point été compris dans les déclarations de la Subvention, et qu'il soit affranchi de cette imposition, au moins jusqu'à nouvel ordre, cependant tant les Communautés que les Particuliers seront obligés de manifester ceux dont ils prétendent avoir l'usage et la propriété.

Art. 11.

Quand même il y aurait des Terres qui ne pourraient point être comprises dans un Territoire précis de quelque Communauté, on devra provisoirement, et sans tirer à conséquence, en faire la déclaration à la Communauté la plus voisine ; le Commissaire des rôles prendra une note de toutes ces déclarations pour les remettre au Greffe des Etats, et en cas de discussion entre des Communautés qui prétendraient que lesdites terres seraient les plus près de leur territoire, le Commissaire des rôles se transportera sur les lieux pour reconnaître la position desdites terres, et il en dressera son Procès-Verbal qu'il enverra avec son avis au Greffe des Etats.

Art. 12.

Pour rendre l'exécution de l'Arrêt plus facile, on ne fera usage que d'une seule mesure dans toute la Corse, au moins quant à la dénomination. Les vignes seront distinguées par journées ; on entend par le mot journée, la quantité de terrain qu'un vigneron peut cultiver en un jour ; les terres seront divisées en mezinades, en expliquant si elles sont plantées d'arbres et de quelle espèce, si elles sont ensemencées ou cultivées en jardins ou en potagers. Il faudra spécifier la qualité des terres par bonnes, médiocres ou mauvaises ; et si un terrain n'a pas l'étendue d'une mezinade, il sera divisé en bachinade.

Art. 13.

Toutes les Terres qui n'auront point été déclarées, et dont le Propriétaire sera inconnu, seront réputées appartenir au Domaine.

Art. 14.

Pour procéder dans toute la Corse d'une manière uniforme relativement aux déclarations, les Greffiers feront usage du modèle suivant.
Par exemple :

PROVINCE DE BASTIA

PIÈVE DE CASINCA

COMMUNAUTÉ DE LA PENTA

Le . . . . du mois d . . . . . de l'année 177...
Registre des déclarations des Terres existantes dans le Territoire de cette Communauté.
Titius, du lieu d . . . . déclare pardevant Nous, Greffier, qu'il possède dans ce Territoire à titre de pro-

priété, (et si le titre de sa possession était différent, comme par exemple, s'il possédait par droit d'emphytéose, de cens, de location perpétuelle ou d'une autre manière, il faudrait en faire l'explication) une vigne située au quartier ou tertier d . . . . qui consiste en journées . . . . . . de qualité etc.

Et lorsqu'il sera question des Terres qui ne sont pas en vignes, on les divisera par mezinades, expliquant toutefois s'il y a des jardins ou potagers, si elles sont propres à être ensemencées, s'il y a des arbres, ou si elles sont incultes, en spécifiant toujours de la manière prescrite quelle en est la quantité.

Art. 15.

Au premier du mois de Septembre prochain, époque où suivant l'article premier de la présente Instruction, les Podestats et Pères du Commun de la Communauté convoqueront une Assemblée de tous ceux qui doivent déclarer, et où l'on en fera lecture dans cette Assemblée, il sera permis à chacun de faire sur les déclarations faites, ou qui doivent être faites, telles observations qu'il jugera nécessaires pour sa propre indemnité, ou pour celle de sa Communauté, et si ceux qui composent l'Assemblée formaient quelques prétentions sur la possession ou propriété de quelque terre, l'Assemblée donnera acte des protestations et réserves qui pourront être faites, renvoyant les parties au Juge Royal de leur Juridiction.

Art. 16.

On nommera dans cette Assemblée trois Experts qui soient d'une probité reconnue et au-dessus de trente ans, à la charge par eux de visiter, reconnaître et fixer la qualité, la quantité et le revenu des terres qui composent le Territoire de cette Communauté.

Art. 17.

Les Experts, ainsi nommés et choisis, ne pourront en aucune façon refuser la Commission qui leur aura été confiée par la Communauté qui ne pourra les dispenser sans cause légitime, et immédiatement après leur élection, ils prêteront serment entre les mains du Podestat, en promettant d'exercer leurs fonctions avec la plus grande exactitude et sans partialité, en se conformant entièrement dans leurs opérations, tant à la disposition de l'Arrêt du Conseil d'Etat du Roi du 30 Septembre 1774 qu'à la présente Instruction, et, en cas de mort, de maladie ou autre empêchement légitime de l'un des trois Experts, les Podestats et Pères du Commun actuels, ensemble le Podestat qui était précédemment en exercice, pourront nommer et choisir un autre Expert en sa place.

Art. 18.

Afin que les Experts procèdent avec précaution et avec méthode dans une opération aussi intéressante, ils commenceront par diviser le Territoire de leur Communauté en tertier ou quartier selon la dénomination et les confins qui leur sont assignés sur les lieux; après avoir divisé le Territoire par quartier, ils fixeront en général la quantité de Terres comprises dans chacun d'eux, et quelle est la portion qui appartient aux Propriétaires respectifs qui ont fait leurs déclarations, ou ceux qui doivent les faire, ayant soin de spécifier sa qualité, en fixer ensuite son revenu net annuel en argent de France, le tout réglé par mezinade, journée ou bachin.

Art. 19.

Lorsque les Experts voudront reconnaître, distinguer et vérifier les Terres suivant ce qui est prescrit, ils seront obligés de donner avis à ceux qui doivent faire leurs déclarations du jour et de l'heure que se devra faire l'estimation dans un quartier déterminé, afin qu'ils puissent se trouver en personne ou par leur représentant, pour mettre sous les yeux des Experts les observations qu'ils croiront utiles et nécessaires, et à l'égard des Propriétaires qui seront résidents dans une autre Communauté, on aura soin de mettre des affiches à la porte de l'Eglise Paroissiale des susdits Experts.

Art. 20.

Les trois Experts seront obligés de tenir un registre exact et distinct jour par jour de toutes les divisions, vérifications, reconnaissances et mesures faites pour les présenter au Commissaire des rôles, quand il arrivera dans la Communauté, et, afin que le registre soit en ordre, on aura soin de réunir ensemble différents cahiers numérotés page par page, et d'y rapporter distinctement toutes les opérations qu'ils auront faites, lesquelles seront écrites et signées par les Experts eux-mêmes.

Art. 21.

Si les trois Experts n'étaient pas d'accord ensemble dans leur rapport, le suffrage de deux sera décisif, sauf à l'Expert qui ne se trouve pas d'accord avec les autres de faire inscrire sur les registres les raisons qui l'ont porté à être d'un avis différent, pour les présenter ensuite au Commissaire des rôles qui statuera ce qu'il réputera convenable à cet objet.

Art. 22.

Toutes les opérations des Experts devront être finies dans le mois de Septembre prochain.

Art. 23.

Après que les trois Experts auront fait leurs opérations, les Podestats et Pères du Commun nommeront trois autres Experts pour reconnaître et vérifier les Terres de ceux-là, de la manière prescrite ci-dessus.

Art. 24.

Chaque Communauté sera obligée de fixer un honoraire convenable pour les trois Experts et le Greffier ou pour la personne qui pourrait être substituée à sa place, à proportion du nombre des habitants et de l'étendue du Territoire, dont la moitié sera à la charge des personnes sujettes à la contribution, relativement à leurs facultés, Sa Majesté, par un effet de sa bonté, ayant bien voulu se charger de payer l'autre moitié, comme il a été annoncé par Mgrs les Commissaires du Roi dans la seconde délibération de la Séance du 27 Mai dernier, et ladite gratification ne pourra être exigée qu'après que les Greffiers et les Experts auront rapporté du Commissaire des rôles du District des certificats comme cette gratification leur est dûe, lesquels seront remis au Subdélégué du District pour les faire passer à M. l'Intendant, afin qu'il ordonne le payement de la gratification qui aura été fixée.

Art. 25.

Les Commissaires des rôles devront encore examiner si la taxe qui aura été faite par la Communauté est trop forte ou trop faible, et il pourra l'augmenter ou la diminuer, comme il le jugera à propos, relativement à leur travail.

Art. 26.

Si les Experts, guidés par un esprit de partialité, avaient surchargé mal à propos et injustement dans leur estimation quelques-uns de ceux qui ont fait leurs déclarations, ou si par faveur ou dans l'espoir de quelques récompenses, ils avaient fait une appréciation trop faible et de laquelle il résultât une connivence marquée, le Commissaire des rôles du Département en rendra compte au plus tôt à M. l'Intendant, afin que, suivant la qualité du délit, il puisse punir les coupables, ou en les privant de la gratification assignée ou de quelqu'autre manière selon l'exigence du cas.

Art. 27.

Conformément donc à tout ce qui a été prescrit dans les Séances du 27 au 30 Mai, on assignera à chacun des six Commissaires des rôles un District de la Corse, et à cet effet l'Ile a été divisée en six Départements qui sont réglés de la manière suivante :

PREMIER DÉPARTEMENT.

Province de Rocca, Bonifacio, Istria, Pièves de Talavo et d'Ornano.

SECOND DÉPARTEMENT.

La Ville et Pièvе d'Ajaccio, Pièvе de Cauro, Pièvе de Celavo, Pièvе de la Mezzana, Pièvе de Cinarca et Province de Vico.

TROISIÈME DÉPARTEMENT.

Province de Calvi, Province de Balagne, Pièvе de Caccia et Pièvе de Niolo.

QUATRIÈME DÉPARTEMENT.

Province du Nebbio, Province du Cap-Corse, Pièvе de Costiera et Pièvе de Canale.

CINQUIÈME DÉPARTEMENT.

Province de Bastia, à l'exception des Pièves indiquées ci-dessus.

SIXIÈME DÉPARTEMENT.

Province de Corte et d'Aleria.

Art. 28.

Les Commissaires qui seront nommés et élus dans la présente Assemblée Générale ne pourront en aucune façon se dispenser d'accepter cet emploi, sans un empêchement légitime au jugement de Mgrs les Commissaires du Roi ; ils seront obligés de commencer leurs opérations au premier Septembre prochain. Afin qu'ils puissent procéder tous de la même façon, ils se rendront auparavant à Bastia, au temps qui leur sera indiqué, pour recevoir la présente Instruction et celle qui leur sera remise par M. l'Intendant, et, en même temps, les explications nécessaires sur toutes les difficultés qui pourraient se rencontrer dans l'exécution de leur commission.

Art. 29.

En cas de maladie ou d'autre empêchement légitime de quelqu'un des six Commissaires des rôles, les Douze résidents à Bastia pourront nommer un autre sujet éclairé et zélé, pour le remplacer, avec l'approbation de Mgrs les Commissaires du Roi.

Art. 30.

Les Communautés qui n'auront pas fait leurs déclarations, nommé les experts, dressé des Procès-Verbaux et les registres indiqués dans les articles précédents, à l'arrivée des Commissaires des rôles, seront taxées à dix livres, par jour, au profit du Commissaire pour le temps qu'il sera obligé d'employer aux opérations prescrites, et les Podestats et Pères du Commun, s'ils sont particulièrement coupables de négligence, payeront entre eux la moitié de la dépense, et l'autre moitié sera repartie sur les autres habitants et contribuables de la Communauté, le tout à proportion de la Subvention, comme il a été annoncé par Mgrs les Commissaires du Roi dans la Séance du 27 Mai.

Art. 31.

Les Commissaires des rôles se transporteront dans chaque Communauté des Districts respectifs, après avoir prévenu de leur arrivée les Officiers Municipaux, quatre jours auparavant, afin qu'ils aient le temps de convoquer les Propriétaires absents, et dès qu'ils auront pris connaissance tant des déclarations qui auront été données par les Propriétaires que de l'estimation des Experts, ils convoqueront une Assemblée de tous ceux de cette Communauté qui auront fait leurs déclarations, dans laquelle on fera la lecture des différentes opérations des Experts pour les vérifier et pour recevoir les plaintes, s'il y en avait, auquel cas, on nommera deux autres Experts auxquels le Commissaire pourra se réunir pour vérifier la première estimation, mais si cette vérification pouvait retarder sa commission, il nommera un troisième Expert pour la revision qui devra se faire au moins dans l'espace d'un mois.

Art. 32.

La dépense de la revision, dans le cas qu'elle aurait été injustement demandée, sera à la charge du plaignant, mais si on prouve que la première opération a été faite frauduleusement, elle sera alors à la charge des Experts, la dépense sera de deux livres par jour pour chaque Expert.

Art. 33.

Toutes les réclamations qui pourraient être faites ne retarderont en aucune manière la répartition de l'imposition, sauf les rectifications et réformes qu'on pourra faire dans la première Assemblée Générale, comme il est prescrit par l'article troisième de l'Arrêt du Conseil d'Etat du Roi du 30 Septembre 1774.

Art. 34.

Afin que la répartition de l'imposition à laquelle chaque Communauté se trouve sujette soit faite avec la proportion et l'équité convenables, chaque Commissaire devra avoir une note distincte de la somme à laquelle chaque Communauté de leur Département est imposée, selon qu'il aura été réglé par l'Assemblée Générale de cette année.

Art. 35.

La somme à laquelle chaque Communauté se trouvera taxée sera distribuée et repartie par elle-même avec l'assistance et en présence du Commissaire, selon la qualité et la valeur des différentes portions de son Territoire, de manière que chaque terrain sans exception susceptible de quelque produit, quoique actuellement inculte, et qui servirait seulement pour le pâturage, contribue à la Subvention, savoir : les Terres mauvaises par une taxe très modique, les médiocres par une taxe plus forte et les bonnes par une taxe plus considérable, relativement à leur produit net, de manière qu'on puisse compléter la somme qu'exige l'imposition, conformément à l'article 30 de l'Arrêt ci-dessus, et, à cet effet, les Commissaires feront un rôle distinct pour chaque Communauté de la quote d'imposition à laquelle chaque déclarant sera sujet pour l'année du premier Octobre 1773 au premier Octobre 1774, et pour les années suivantes jusqu'à la confection du Cadastre, tant relativement à la Subvention qu'aux autres obligations auxquelles la Nation doit satisfaire.

Art. 36.

Conformément à l'Article 7 de l'Arrêt du Conseil du 30 Septembre 1774, ce que la Communauté devra payer pour les Terres communales de son territoire sera reparti sur les habitants selon le nombre et la qualité des bestiaux qui y paissent, et, quant aux Terres divisées et affermées, elles payeront à proportion et suivant les règles observées pour les Terres des Particuliers.

Art. 37.

Un double des rôles de chaque Communauté sera remis à M. l'Intendant, pour qu'il le rende exécutoire et l'envoie au Trésorier de la Province, pour en faire le recouvrement, et un double sera déposé au Greffe des Etats, pour être soumis à la revision de la première Assemblée Générale. L'original des rôles dressé par les Commissaires, ainsi que celui des déclarations des Propriétaires, des estimations des Experts et de toute autre opération relative restera au Greffe de la Communauté pour y avoir recours en cas de besoin ; et les Commissaires en prendront une expédition pour la remettre au Greffe des Etats.

Art. 38.

Si les Commissaires des rôles trouvaient quelques difficultés dans l'exécution de leur commission, ils en écriront aux deux des Douze résidents à Bastia, afin qu'ils en sollicitent la décision auprès de M. l'Intendant.

Art. 39.

Les susdits Commissaires devront prendre toutes les notions possibles de tous les Bois existant dans chaque Communauté de leur District, appartenant aux Particuliers, à la Communauté ou au Domaine du Roi, et en faire une note distincte.

Art. 40.

Les mêmes Commissaires seront également obligés de se procurer toute la connaissance possible des Biens et Droits existant dans chaque Communauté de leur Département, qui appartiennent au Domaine sous quelque titre que ce soit et que ce puisse être, et en prendre une note pour la remettre à M. l'Intendant.

Art. 41.

Comme il est à croire que toutes les sommes dont la Nation paraît être redevable, tant pour le produit des deux vingtièmes relatifs à la Subvention, que pour celui des maisons qui doivent contribuer à l'imposition des logements militaires, ne sont pas à recouvrer, lesdits Commissaires formeront un décompte de tous les payements faits par les Communautés respectives, à compte tant de la Subvention des deux vingtièmes à commencer du premier Octobre 1769 jusqu'au premier Octobre 1773 que de la contribution des logements militaires, et ils seront obligés de remettre le double dudit compte au Greffe des Etats, afin qu'on puisse juger si le retardement des payements qu'on attribue à la Nation provient du peu de bonne volonté des Contribuables ou plutôt de l'inexactitude des différents Officiers Municipaux ou de la négligence de quelque Trésorier.

Art. 42 et Dernier.

Au moyen de ce que la Nation a assigné aux six Commissaires de ce que Sa Majesté veut bien leur fixer et de la gratification qu'Elle leur fait espérer, ils ne pourront rien prétendre ni recevoir des Communautés ni d'aucun Particulier, soit pour leur nourriture et la dépense de leurs chevaux, ni pour quelqu'autre objet que ce soit, à l'exception du logement, mais le tout sera à leur charge et dépens ; en cas de contravention, ce qu'on ne doit pas présumer, les Commissaires seront destitués de leur emploi, privés du traitement que leur fait le Roi et la Nation, ainsi que de la gratification proposée par la munificence de Sa Majesté, et ils perdront en conséquence l'estime et la confiance de la Nation.

Ensuite l'Assemblée ayant ouï les nouvelles observations et réflexions de plusieurs Députés, la matière mise en délibération, elle a unanimement adopté la présente Instruction comme celle qui met en toute leur clarté les opérations qui conduisent à l'exécution de l'Arrêt du Conseil d'Etat du 30 Septembre 1774, mais elle n'aura de force ni de vigueur que sous l'approbation préalable de Nosseigneurs les Commissaires du Roi. Les Etats ont ici fait leurs remercîments au Comité pour toutes les peines qu'a dû lui donner un travail qui répond entièrement à la confiance qu'ils ont en son zèle, son activité et en ses lumières.

Cette Instruction a été approuvée et homologuée entièrement par Nosseigneurs les Commissaires du Roi qui ont ordonné qu'elle sera imprimée et envoyée dans toutes les Communautés de l'Ile conjointement avec l'Arrêt susdit pour s'y conformer.

Et la présente Délibération a été signée tant de Nosseigneurs les Commissaires du Roi que de Mgr Cittadella, Evêque du Nebbio, nommé à l'Evêché de Mariana et Accia, de M. l'Abbé Santini, nommé à l'Evêché du Nebbio, de MM. Valentini et Susini, Piévans, de MM. Antoni et Belgodere, Députés Nobles, et de MM. Vincenti et Rossi, Députés du Tiers-Etat.

Par Nosseigneurs les Commissaires du Roi,
Signé : GIUBEGA.

Dudit jour 3 Juin 1775

Nosseigneurs les Commissaires du Roi ont dit que dans la première Séance du 27 Mai, ils ont annoncé que l'intention de Sa Majesté est que l'Assemblée Générale élise six Commissaires, en distribuant entr'eux toutes les Communautés de la Corse pour se rendre chacun à celles qui seront comprises dans son Département et y faire les vérifications, distributions, rôles et autres opérations susdites, conjointement aux autres commissions portées par l'Instruction précédente ;

Que ces six Commissaires, comme il a été dit dans ladite Séance, peuvent être Corses ou Français, présents ou absents de l'Assemblée ;

Qu'ils ne peuvent s'empêcher de renouveler leur empressement pour que les Etats s'occupent à choisir des personnes zélées, instruites du devoir de leur charge et incapables d'abuser de la confiance que l'Assemblée doit leur témoigner en les proposant pour un travail qui intéresse si fort la Nation ; que du choix de ces Commissaires dépend l'intelligence et l'exécution de l'Arrêt du Conseil d'Etat du 30 Septembre 1774, l'accomplissement des objets qui l'ont dirigé et des opérations qui sont détaillées dans l'Instruction ;

Que si l'Assemblée en toute circonstance doit faire paraître que l'esprit d'impartialité et de justice est celui qui dirige ses délibérations, elle doit encore le faire mieux paraître en celui-ci, où il s'agit d'un objet dont dépend le bon ordre de la répartition de la Subvention.

Nosseigneurs les Commissaires du Roi ont ajouté que, quoique persuadés que les Etats répondront de leur côté à la confiance que Sa Majesté vient de leur témoigner, en les autorisant à la nomination des six Commissaires aux rôles, en choisissant des Sujets qui soient à portée de bien remplir les commissions qui leur sont attribuées, ils ne peuvent pas se dispenser de rappeler ici ce qui a été annoncé dans la Séance du 27 et 28 Mai : savoir, que la nomination n'aura aucune validité que depuis son approbation ; que conformément aux ordres de Sa Majesté, leur refus, ou de l'un d'eux rendait nulle l'élection des Commissaires aux rôles. Nosseigneurs les Commissaires du Roi ont ici invité l'Assemblée Générale à nommer des Sujets qui ne puissent pas être justement refusés.

Ensuite les Etats sentant le prix de la grâce dont Sa Majesté a daigné les honorer, après avoir sérieusement réfléchi à l'importance de l'élection à laquelle ils doivent procéder, on a proposé plusieurs Sujets pour chacun des six Districts, les suffrages ayant été recueillis et comptés en présence de Nosseigneurs les Commissaires du Roi et de MM. les Députés des Douze, ils se sont trouvés en faveur, savoir :

Pour le District de la Ville et Piève d'Ajaccio, Cauro, Celavo, Cinarca et la Province de Vico, du Sieur Jean-Jérôme Fiorelli ;

Pour le District de la Rocca, Bonifacio, Istria, Piève de Talavo et d'Ornano, du Sieur Augustin Pietri, à cause du refus que M. le comte de Marbeuf a fait du Sieur Horace Quenza, employé à la Junte de Tallà et à d'autres commissions pour le service du Roi ;

Pour le District de Corte et d'Aleria, du Sieur Antoine-François Casanova, de Venaco ;

Pour le District des Provinces de Calvi et de Balagne, des Pièves de Caccia et de Niolo, du Sieur Marc-Marie Carli, de Speloncato;

Pour le District du Nebbio et Cap-Corse, Pièves de Costera et Canale, du Sieur Jean-Baptiste Gentile, de Saint-Florent ;

Pour le District de la Province de Bastia, du Sieur Louis Pietri, de Rostino ;

Ainsi, les susdits Sieurs Fiorelli, Augustin Pietri, Casanova, Carli, Gentile, Louis Pietri, ont été nommés et choisis par l'Assemblée Générale pour Commissaires aux rôles, nomination et choix qu'elle confirme, aux honneurs, droits et prérogatives attribués à leur ministère, et qui ont été fixés, tant dans la Séance du 27 Mai dernier que dans la Délibération tenue hier, et aux traitements et honoraires qui leur ont été accordés, tant par la délibération de la Séance du 30 dudit mois de Mai que par celle d'hier, à la charge de se conformer à ce qui a été réglé par l'Arrêt du 30 Septembre 1774 et par l'Instruction des Etats, lesquelles nominations et élections ont été unanimement approuvées et homologuées par Nosseigneurs les Commissaires.

Après quoi la Séance a été remise à après-demain, cinq du courant, dix heures du matin.

La présente Délibération a été signée tant par Nosseigneurs les Commissaires du Roi que par les Seigneurs Evêques et Députés qui ont signé les précédentes de ce jour.

Séance du 5 Juin 1775

Mgr Doria, Evêque Président, et Mgrs les Evêques et Députés ci-devant dénommés, s'étant rendus à la Salle de l'Assemblée, Mgr l'Evêque Président a dit qu'à la Séance du 30 Mai, les Etats voulant rectifier les déclarations des productions de l'année du premier Octobre 1772 au premier Octobre 1773, ont jugé à propos de régler une augmentation relative aux facultés et à l'inexactitude dont les Provinces se trouvaient coupables ;

Que le Comité a été chargé de répartir entre chaque Piève et ensuite entre les Communautés d'une même Province l'augmentation à laquelle elle a été taxée, que l'opération devrait être achevée, pour procéder ensuite à celles qui en dépendent ;

Après quoi M. l'Abbé Santini, nommé à l'Evêché du Nebbio et Président du Comité, a dit que la répartition qui a été ordonnée a exigé un travail long et pénible, tant pour le grand nombre de Communautés comprises dans l'augmentation réglée sur les Provinces respectives que pour les contestations entre les Députés des divers Districts; que le Comité a considéré tous les objets qui pouvaient contribuer à la justice de la répartition et a examiné les raisons de part et d'autre, que quoi qu'il soit difficile que la répartition soit faite d'une manière bien sûre, faute de connaissance certaine des facultés de chaque Communauté, cependant le Comité a cru que celle qui suit pourra mieux convenir et plus approcher de la vérité. Savoir :

RÉPARTITION DES SIX MILLE LIVRES
DONT LA PROVINCE DE BASTIA EST AUGMENTÉE.

A LA PIÈVE DE BASTIA : *Huit cent cinquante livres.*

Savoir :

A la Communauté	de Bastia	250, — —
»	de Cardo	100, — —
»	de Pietrabugno	225, — —
»	de S. Martino	175, — —
»	de S. Maria de Lota	100, — —

A LA PIÈVE D'ORTO : *Deux cent quatre-vingts livres.*

Savoir :

A la Communauté	de Biguglia	160, — —
»	de Furiani	120, — —

A LA PIÈVE DE BIGORNO : *Trois cent quarante livres.*

Savoir :

A la Communauté	de Campitello	60, — —
»	de Bigorno	50, — —
»	de Volpajola	70, — —
»	de Lento	100, — —
»	de Scolca	60, — —

A LA PIÈVE DE MARANA : *Huit cents livres.*

    Savoir :

A la Communauté de Borgo . . . . 400, — —
    »   de Vignale. . . . . . . 125, — —
    »   de Lucciana . . . . . 275, — —

A LA PIÈVE DE CACCIA : *Deux cent cinquante livres.*

    Savoir :

A la Communauté d'Asco . . . . 70, — —
    »   de Canavaggia. . . . . 60, — —
    »   de Castifao. . . . . . 60, — —
    »   de Moltifao . . . . . 60, — —

A LA PIÈVE DE CANALE : *Cent quatre-vingts livres.*

    Savoir :

A la Communauté de Pietralba . . . . . 65, — —
    »   d'Urtaca . . . . . . 50, — —
    »   de Lama . . . . . . 65, — —

A LA PIÈVE DE TAVAGNA : *Cinq cents livres.*

    Savoir :

A la Communauté de Taglio et Isolaccio . . 100, — —
    »   de Talasani . . . . . 100, — —
    »   * de Pero et Casevecchie. . 100, — —
    »   de Velone, Orneto et Car-
                  bonaccia . . . . . 90, — —

A la Communauté de Renoso, Poggio et Mez-
    zana. . . . . 90, — —
»   de Fiuminale . . . . . 20, — —

  A LA PIÈVE DE MORIANI : *Cinq cents livres.*

    Savoir :

A la Communauté de Poggio . . . . 120, — —
»   de S. Nicolao. . . . . 75, — —
»   de S. Giovanni . . . . 130, — —
»   de S. Reparata . . . . 100, — —
»   de S. Lucia . . . . . 75, — —

  A LA PIÈVE D'AMPUGNANI : *Trois cent cinquante livres.*

    Savoir :

A la Communauté de Casabianca . . . . 20, — —
»   de Ficaja . . . . . . 70, — —
»   de Quercitello. . . . . 30, — —
»   de la Croce . . . . . 40, — —
»   de la Porta . . . . . 60, — —
»   de Silvareccio. . . . . 20, — —
»   de S. Cosimo et Damiano . 50, — —
»   de Scata . . . . . . 30, — —
»   de Pruno . . . . . . 30, — —

  A LA PIÈVE DE CASINCA : *Mille livres.*

    Savoir :

A la Communauté de la Penta . . . . . 180, — —
»   de Porri . . . . . . 90, — —

A la Communauté de Castellare . . . . . . 110, — —
»   de Ocagnano et Sorbo . . 110, — —
»   de Loreto . . . . 180, — —
»   de Vescovato . . . . . 170, — —
»   de Venzolasca. . . . . 160, — —

A LA PIÈVE D'OREZZA : *Quatre cents livres.*

Savoir :

A la Communauté de Carcheto . . . . . . 20, — —
»   de Brustico . . . . . 20, — —
»   de Carpineto . . . . . 30, — —
»   de Campana . . . . . 25, — —
»   de Nocario, Erbaggio et Celle 50, — —
»   de Piedicroce et Fontana . 50, — —
»   de Stazzona . . . . . 25, — —
»   de Pastoreccia. . . . . 10, — —
»   de Piè-d'Orezza et Campo-
                 donico . . . . . . 30, — —
»   de Piè di Partino. . . . 30, — —
»   de Parata . . . . . . 20, — —
»   de Monacia . . . . . 30, — —
»   de Piazzole . . . . . 30, — —
»   de Rapaggio . . . . . 15, — —
»   de Valle . . . . . . 30, — —
»   de Verdese . . . . . 15, — —

A LA PIÈVE DE CASACCONI : *Cinq cent cinquante livres.*

Savoir :

A la Communauté d'Olmi et Prunelli . . . 130, — —
»   de Campile . . . . . 85, — —

A la Communauté d'Ortiporio. . . . . . 85, — —
    »   de Crocicchia . . . . . 60, — —
    »   d'Acquatella et Penta . . 60, — —
    »   de S. Salvadore . . . . 130, — —

RÉPARTITION DES HUIT MILLE LIVRES
DONT LA PROVINCE D'ALERIA EST AUGMENTÉE.

A LA PIÈVE DE CAMPOLORO : *Mille cinq cent vingt-cinq livres.*

Savoir :

A la Communauté de Cervione . . . . . 425, — —
    »   de Cottone . . . . . 600, — —
    »   de S. Giuliano . . . . 500, — —

A LA PIÈVE DE VERDE: *Mille quatre cent vingt-cinq livres.*

Savoir .

A la Communauté de Pietra . . . . . . 300, — —
    »   de Chiatra. . . . . . 320, — —
    »   de Canale . . . . . . 250, — —
    »   de Linguizetta . . . . 250, — —
    »   de Tox . . . . 205, — —
    »   de Campi . . . . . . 100, — —

A LA PIÈVE D'ALESANI : *Mille huit cent livres.*

Savoir :

A la Communauté de Perelli . . . . . . 400, — —
    »   de Novale . . . . . . 450, — —

A la Communauté de Valle . . . . 650, — —
»   de Felce . . . . 300, — —

A LA PIÈVE DE SERRA : *Deux mille cinquante livres.*

Savoir :

A la Communauté de Moita . . . . . . 400, — —
»   de Matra . . . . . . 200, — —
»   de Pianello. . . . . . 425, — —
»   de Zuani . . . . . . 425, — —
»   d'Ampriani. . . . . . 100, — —
»   de Zalana . . . . . . 300, — —
»   de Tallone. . . . . . 200, — —

A LA PIÈVE DE COASINA : *Cinq cents livres.*

Savoir :

A la Communauté de Solaro . . . . 220, — —
»   de Ventiseri . . . . . 210, — —
»   de Pianello . . . . . 70, — —

A LA PIÈVE DE CURSA : *Sept cents livres.*

Savoir :

A la Communauté d'Isolaccio . . . . . . 360, — —
»   de Prunelli . . . . . 340, — —

RÉPARTITION DES MILLE HUIT CENT SOIXANTE-DIX LIVRES, DONT LA PROVINCE DE CORTE EST AUGMENTÉE.

A LA PIÈVE DE TALCINI :
Cinq cent quatre-vingt-sept livres, six sous, neuf deniers.

Savoir :

A la Communauté de Corte	177, 12,	9
» de Soveria	102, 10,	3
» d'Omessa	102, 10,	—
» de Tralonca	68, 4,	7
» de S. Lucia	68, 4,	7
» de Castirla	68, 4,	7

A LA PIÈVE DE VENACO :
Deux cent quatre-vingt-trois livres, dix-huit sous, sept deniers.

Savoir :

A la Communauté de Serraggio	126, 9,	8
» de Campovecchio	14, 4,	—
» de S. Pietro	43, 12,	7
» de Poggio	63, 14,	3
» de Casanova	18, 10,	9
» de Riventosa	17, 7,	4

A LA PIÈVE DE BOZIO :
Deux cent soixante-quatre livres, cinq sous, dix deniers.

Savoir :

A la Communauté de Mazzola	19, 5,	—
» de Rebbia	44, 12,	—

A la Communauté d'Alando	6, 8,	8
» de Sermano	54, 14,	8
» de Piè-di-Corte	32, 12,	—
» de Bustanico	50, —	—
» de Favalello	7, 6,	4
» d'Arbitro	35, —	—
» de Castellare	14, 7,	2

A LA PIÈVE DE ROGNA :

Deux cent quatre-vingt-quatre livres, cinq sous, huit deniers.

Savoir :

A la Communauté d'Arca et Muraccioli de Vivario	63, 18,	4
» de Noceta	22, 14,	8
» d'Antisanti	17, 11,	4
» de Rospigliani	11, 5,	4
» d'Erbajolo	28, 5,	4
» d'Altiani	28, 18,	8
» de Focicchia	17, 11,	4
» de Piè-di-Corte	41, 6,	8
» de Pietra-Serena	17, 11,	4
» de Giungaggio	17, 11,	4
» de Pancheraccia	17, 11,	4

A LA PIÈVE DE VALLERUSTIE :

Cent quatre-vingt-seize livres, seize sous, huit deniers.

Savoir :

A la Communauté de Cambia, de S. Quilico, de Loriani et Corsoli .	36, 6,	6
» de Lano	25, 17,	6

A la Communauté d'Aiti 25, 17, 6
»   de Rusio . . . . . . 31, 1, —
»   de Carticasi 18, 12, 8
»   d'Erone. 12, 9, 6
»   de S. Lorenzo, Penta-Casa-
       nova, Forci, Terramola,
       Olivo, Borgo et Corbiti. 46, 12, —

A LA PIÈVE DE CASTELLO : *Deux cent cinq livres.*

Savoir :

A la Communauté de Ghisoni 64, 1, 9
»   de Vezzani 38, 7, 6
»   de Pietroso . . . . . 42, 8, —
»   de Lugo 28, 4, 8
»   de Poggio 31, 18, 4

A LA PIÈVE DE GIOVELLINA :
Quarante-huit livres, six sous, six deniers.

Savoir :

A la Communauté de Castiglione. . . . . 8, 5, —
»   de Piedigriggio 12, 6, 6
»   de Popolasca . . . . . 7, 4, —
»   de Prato . . . . . . 10, 11, —

RÉPARTITION DES DEUX MILLE DEUX CENT SOIXANTE LIVRES, DEUX SOUS, UN DENIER DONT LA PROVINCE DE VICO EST AUGMENTÉE.

A LA PIÈVE DE SEVIDENTRO : *Trois cent soixante-six livres.*

Savoir :

A la Communauté d'Evisa . . . . 156, — —

A la Communauté de Cristinacce . . . . 90, — —
»   de Marignana. . . . . 120, — —

A LA PIÈVE DE SORROINGIU : *Mille quatre-vingt-douze livres.*

Savoir :

A la Communauté de Renno . . . . 250, — —
»   de Vico. . . . . . . 220, — —
»   de Coggia . . . . . . 100, — —
»   de Letia . . . . . . 130, — —
»   d'Arbori . . . . . . 170, — —
»   de Murzo . . . . . . 56, — —
»   d'Abbrecciani . . . . 100, — —
»   de Balogna. . . . . . 66, — —

A LA PIÈVE DE SEVENFUORI : *Deux cent cinquante livres.*

Savoir :

A la Communauté de Piana . . . . 160, — —
»   de Ota . . . . 90, — —

A LA PIÈVE DE SORROINSU : *Trois cent quarante-huit livres.*

Savoir :

A la Communauté de Guagno. . . . . . . 126, — —
»   de Poggiolo . . . . . 50, — —
»   d'Orto . . . . 66, — —
»   de Soccia . . . . . . 106, — —

A LA PIÈVE DE CRUZINI :
Deux cent quatre livres, deux sous, un denier.

Savoir :

A la Communauté de Cruzini 84, 2, 1
»   de Salice . . . . 60, — —
»   de Rosaccia . . . . . . 60, — —

RÉPARTITION DES DIX-HUIT CENT LIVRES, QUINZE SOUS DONT LA PROVINCE DU NEBBIO EST AUGMENTÉE.

A LA PIÈVE ET COMMUNAUTÉ DE SAINT FLORENT :

Cent cinquante livres, quinze sous.

A LA PIÈVE DE S. PIETRO : *Deux cent quatre-vingt-dix livres.*

Savoir :

A la Communauté de S. Pietro . . . . . 210, — —
»   de S. Gavino . . . . . 80, — —

A LA PIÈVE D'OLETTA : *Trois cent dix livres.*

Savoir :

A la Communauté d'Oletta . . . . . . 210, — —
»   de Poggio . . . . . . 100, — —

A LA PIÈVE DE S. QUILICO: *Quatre cent vingt livres.*

Savoir:

A la Communauté de la Pieve	90, — —
» de Sorio	110, — —
» de Rapale	96, — —
» de Murato	124, — —

A LA PIÈVE D'OLMETA OU DE ROSALI:
Deux cent quatre-vingt livres.

Savoir:

A la Communauté de d'Olmeta	120, — —
» de Vallecalle	80, — —
» de Rutali	80, — —

A LA PIÉVE DE PATRIMONIO : *Trois cent cinquante livres.*

Savoir:

A la Communauté de Patrimonio	140, — —
» de Farinole	120, — —
» de Barbaggio	90, — —

RÉPARTITION DES MILLE LIVRES
DONT LA PROVINCE DE CALVI EST AUGMENTÉE.

A LA PIÈVE ET COMMUNAUTÉ DE CALVI: *Cinquante livres.*

A LA PIÈVE D'OLMI : *Cent quatre-vingt-dix livres.*

Savoir :

A la Communauté de Calenzana	150, — —
» de Moncale	40, — —

A LA PIÈVE DE PINO : *Sept cent soixante livres.*

Savoir :

A la Communauté	de Monte-Maggiore	360, — —
»	de Lunghignano	50, — —
»	de Zilia	100, — —
»	de Cassano	250, — —

RÉPARTITION DES SEPT MILLE TROIS CENT QUARANTE-TROIS LIVRES, QUATRE SOUS DONT LA PROVINCE DE BALAGNE EST AUGMENTÉE.

A LA PIÈVE D'AREGNO :
Deux mille neuf cent soixante-douze livres.

Savoir :

A la Communauté	de Lumio	600, — —
»	d'Occi	100, — —
»	de Lavatoggio	100, — —
»	de Catteri	100, — —
»	d'Avapessa	150, — —
»	de S. Antonin	280, — —
»	d'Aregno	130, — —
»	de Corbara	150, — —
»	de S. Reparata	700, — —
»	de Monticello	250, — —
»	d'Algajola	12, — —

A LA PIÈVE DE S. ANDREA : *Mille trois cents livres.*

  Savoir :

A la Communauté de Muro . . . . 600, — —
  » de Feliceto . . . . . 500, — —
  » de Nessa . . . . . . 200, — —

  A LA PIÈVE DE TUANI :
Dix-neuf cent soixante-treize livres, quatre sous.

  Savoir :

A la Communauté de Speloncato. . . . . 123, 4, —
  » de Ville . . . . . . 300, — —
  » de Costa . . . . . . 400, — —
  » d'Occhiatana . . . . . 500, — —
  » de Belgodere . . . . . 650, — —

A LA PIÈVE D'OSTRICONI : *Quatre cent cinquante livres.*

  Savoir :

A la Communauté de Palasca . . . . . 250, — —
  » de Novella . . . . . . 200, — —

A LA PIÈVE DE GIUSSANI : *Six cent quarante-huit livres.*

  Savoir :

A la Communauté d'Avalica . . . . . . 100, — —
  » d'Olmi et Cappella . . . 250, — —
  » de Mausoleo . . . . . 110, — —
  » de Pioggiola . . . . . 188, — —

RÉPARTITION DES DEUX MILLE LIVRES, DONT LA PROVINCE D'AJACCIO EST AUGMENTÉE

A LA PIÈVE DE CINARCA : *Cinq cent soixante-huit livres.*

Savoir :

A la Communauté de Sari	. . . . . .	180, — —
» de Calcatoggio	. . . .	72, — —
» de Cannelle	. . . .	18, — —
» de S. Andrea	. . . .	30, — —
» de Lopigna	. . . .	90, — —
» d'Arro . :	. . . .	60, — —
» de Casaglione.	. . . .	118, — —

A LA PIÈVE D'ORNANO: *Onze cent quatre-vingt-quatorze livres.*

Savoir :

A la Communauté de S. Maria et Sichè	. .	114, — —
» de Campo	. . . .	18, — —
» de Quasquara	. . . .	60, — —
» d'Azilone et Ampaza	. .	45, — —
» de Torgia et Cardo	. . .	24, — —
» de Pila et Canale	. . .	222, — —
» de Forciolo	. . . .	150, — —
» de Cognocoli et Monticchi	.	111, — —
» de Zigliara.	. . . .	150, — —
» de Grosseto	. . . .	150, — —
» de Guargualè	. . . .	150, — —

A LA PIÈVE DE CAURO : *Deux cent trente-huit livres.*

Savoir :

A la Communauté d'Eccica et Soarella . . . 115, — —
  »   d'Occana . . . . . . 123, — —

RÉPARTITION DES DOUZE MILLE LIVRES, DONT LA PROVINCE DE ROCCA, SARTENE ET BONIFACIO EST AUGMENTÉE.

A LA PIÈVE DE SARTENE: *Sept cent vingt-six livres.*

Savoir :

A la Communauté de Sartene. . . . . . 300, — —
  »   de Giuncheto . . . . . 100, — —
  »   de la Foce . . . . . 100, — —
  »   de Chiave et Bilia. . . . 90, — —
  »   de Pozzaccio . . . . . 36, — —
  »   de la Grossa . . . . . 100, — —

A LA PIÈVE DE VIGGIANO : *Dix-neuf cent trente-deux livres.*

Savoir ;

A la Communauté de S. Maria de Ficaniella . 600, — —
  »   d'Arbellara . . . . . 342, — —
  »   de Fozzano. . . . . . 900, — —

A LA PIÈVE DE TALLA : *Trois mille soixante-dix-huit livres.*

Savoir :

A la Communauté	de S. Lucia	800, — —
»	de S. Andrea.	200, — —
»	d'Olmiccia.	1,200, — —
»	de Poggio	400, — —
»	d'Altagene et Mela . . .	278, — —
»	de Loreto	50, — —
»	de Zoza.	50, — —
»	de Cargiaca	100, — —

A LA PIÈVE DE CARBINI : *Onze cent quarante-six livres.*

Savoir :

A la Communauté	de Levie	1,000, — —
»	de S. Gavino.	146, — —

A LA PIÈVE DE SCOPAMENE ET PORTOVECCHIO :
Quinze cent trente-deux livres.

Savoir:

A la Communauté	d'Aullé	100, — —
»	de Zerubia.	90, — —
»	de Serra	836, — —
»	de Sorbollà	36, — —
»	de Quenza et Portovecchio .	300, — —
»	de Sari.	60, — —
»	de Conca	60, — —
»	de Lecci	60, — —

A LA PIÈVE ET COMMUNAUTÉ DE BONIFACIO :
Trois mille quatre-vingt-seize livres.

A LA PIÈVE D'ISTRIA : *Quatre cent quatre-vingt-dix livres.*

Savoir :

A la Communauté de Casalabriva	90, —	—
» de Calvese	50, —	—
» de Petretto et Bichisà . .	90, —	—
» de Moka et Croce	120, —	—
» d'Argiusta et Moriccio . .	50, —	—
» d'Olivese	90, —	—

M. l'Abbé Santini, nommé à l'Evêché du Nebbio, a ajouté, que la répartition dont il s'agit est celle qui a pu être déterminée par le Comité après plusieurs Séances ; qu'elle reste soumise à l'examen et au jugement des Etats qui, par l'étendue de leurs lumières, sauront corriger les défauts qui pourraient s'y être glissés.

Après quoi l'Assemblée Générale, après avoir entendu les opinions des différents Députés et les réclamations faites par les Députés de la Province de Balagne qui se croyent excessivement chargés par l'augmentation arrêtée dans la Séance du 30 Mai, ont dit que cette augmentation a été réglée suivant une infidélité imaginaire, provenant de la différence qu'il y a entre les déclarations de l'année du premier Octobre 1770 au premier Octobre 1771 et des années suivantes, ce qui ne dérive point de l'inexactitude des déclarants, mais bien de l'abondance d'huile en 1771 et de la disette qu'il y eut de cette denrée dans les années suivantes ; que personne n'ignore que la récolte de l'huile est incertaine et casuelle, et par conséquent hors d'état de régler le vrai produit annuel d'une Province; qu'ils priaient l'Assemblée Générale de prendre en considération la justice de leurs représentations.

Et, après avoir de même ouï les réclamations de plusieurs Députés de la Province de la Rocca, Bonifacio et Istria sur l'inexactitude de la répartition faite entre les Pièves de leur Département, la matière mise en délibération, il a été arrêté que le partage proposé par le Comité, comme le mieux réglé, sera entièrement suivi.

Et seulement les Etats ont réservé aux deux Provinces de Balagne et de la Rocca le droit de faire valoir leurs réclamations pardevant Mgr l'Intendant, bien persuadés qu'il y aura tous les égards dont elles seront susceptibles.

La présente Délibération a été signée tant par Mgr l'Evêque Président que de Mgrs de Guernes, Evêque d'Aleria, et Guasco, Evêque de Sagone, de MM. Meglia et Quilici, Piévans, de MM. Costa et Casabianca, Députés Nobles, Moracchini et Casanova, Députés du Tiers-Etat.

Après quoi, la Séance a été renvoyée à demain, neuf heures du matin.

Par Nosseigneurs les Commissaires du Roi,
Signé: GIUBEGA.

Séance du 6 Juin 1775

Nosseigneurs les Commissaires du Roi et Mgrs les Evêques et Députés, ci-devant nommés, ont dit que Sa Majesté s'est proposée de faire en Corse des établissements intéressants pour l'utilité et même pour la gloire de la Nation ;

Qu'avant de procéder à leur exécution il a été indispensable de pourvoir d'une manière ferme et stable à la sûreté des Citoyens et à la conservation de leur propriété, que Sa Majesté n'a épargné, en conséquence, ni soins, ni dépenses pour purger l'Ile d'une multitude de brigands et d'assassins qui en étaient le fléau et l'opprobre, que c'est au bonheur que les Corses ont de vivre sous son empire, qu'ils doivent le bienfait de jouir à l'abri des lois et de l'autorité d'une liberté réelle, de la sûreté et de la tranquillité dont ils ont été privés pendant cinquante ans par les malheurs de la guerre civile, qu'aujourd'hui que le bon ordre, qui est la base de toute bonne constitution, est heureusement rétabli, Sa Majesté portera ses soins paternels sur les articles qui peuvent intéresser la Nation et faire l'objet de ses vœux ;

Qu'elle a déjà prévenu quelques-unes de ses demandes, telles que la rédemption des Corses qui ont été faits esclaves avant la soumission de la Corse à son autorité, que le Roi a fait racheter, ne pouvant les réclamer en vertu des conventions qui subsistent entre Sa Majesté et les Puissances Barbaresques ;

Que Sa Majesté a encore fourni des fonds pour des dépenses relatives à la conservation de la santé des Citoyens, de la salubrité de l'air et au progrès de l'agriculture et du commerce ;

Que quoique la construction des chemins soit naturellement une charge de la Nation, Sa Majesté, considérant le bien général qui doit en résulter pour la communication des habitants et la facilité du commerce, a bien voulu, en attendant que les moyens de la Nation lui permettent d'en supporter la dépense en entier, y contribuer par un fond annuel et faire exécuter le travail par ses troupes ;

Que considérant encore l'avantage qu'il y a pour les peuples d'être gouvernés par des Officiers inamovibles qui puissent prendre un soin particulier de la partie qui leur est confiée, veiller sans cesse au maintien de l'ordre et de la tranquillité, Sa Majesté veut bien encore sacrifier un fond annuel pour établir des Etats-Majors dans l'Ile, que le revenu des biens destinés à l'éducation publique, étant insuffisant pour doter les établissements en tout genre qu'on avait dessein de former, Sa Majesté se propose de suppléer au défaut des moyens et d'étendre ses bienfaits au delà même des espérances de la Nation ;

Que pour lui donner de nouvelles preuves de son affection et la convaincre qu'elle ne met aucune différence entre les Sujets Corses et les Sujets Français, elle a déjà fait admettre des enfants Nobles Corses, que l'on destine à la profession des armes à l'Ecole militaire et au Collège de la Flèche, pour y être élevés et instruits à ses frais dans les sciences et les exercices relatifs à cette Profession qu'elle continuera la même faveur aux familles de l'Ile qui en seront susceptibles ;

Qu'on avait déjà cherché à faire participer les jeunes Corses à l'éducation gratuite que l'on reçoit au Collège des Quatre Nations à Paris ; mais que l'exécution de ce projet n'avait pu être effectué parce que la fondation n'a été faite qu'en faveur des habitants de certaines Provinces nouvellement soumises à l'époque de l'établissement du Collège ;

Que Sa Majesté, pour que les Corses ne soient pas privés de cet avantage, se propose de lever cet obstacle par une addition aux revenus de ce Collège, et de créer de nouvelles Places qui seront spécialement destinées aux Corses, et qui pourront être remplies indistinctement par des Sujets de la Nation ;

Qu'enfin Sa Majesté fera admettre dans des Séminaires en France, autant que faire se pourra, un certain nombre de Corses qui se destineront à l'état Ecclésiastique, et elle en payera les pensions jusqu'à ce que l'on ait pu parvenir à faire dans l'Ile même des établissements pour les y recevoir.

Nosseigneurs les Commissaires du Roi ont ajouté qu'indépendamment de ces secours particuliers, Sa Majesté a désiré d'établir une Université en Corse, mais que le défaut de moyens suffisants ne permettant pas de s'occuper encore aujourd'hui d'un projet aussi étendu, elle désire du moins d'en effectuer la partie principale et la plus essentielle qui est celle de l'éducation primitive de la jeunesse et de son introduction à l'état des sciences.

Qu'en conséquence, et d'après le vœu de la Nation, elle demande qu'il soit arrêté un plan définitif pour l'établissement des quatre Collèges dans lesquels il ne sera établi que les basses classes.

Nosseigneurs les Commissaires du Roi ont dit que pour mettre l'Assemblée Générale en état de délibérer sur la forme qui lui paraîtra la plus convenable à donner à ces établissements, ils allaient remettre sous ses yeux les moyens de les doter.

Avant la soumission de la Corse, le Clergé contribuait par une imposition particulière, appelée Don gratuit, à l'entretien de l'Université établie par Paoli, et une Ordonnance de M. l'Intendant avait statué que la perception en serait continuée, il avait été arrêté aux Etats derniers que cette contribution serait portée à quatre mille livres, et qu'il en serait fait une répartition dans l'espace d'un mois sur tous les bénéfices de l'Ile, dont il serait remis un état aux Députés à la Cour; au lieu de cela Mgrs les Evêques ont présenté un mémoire tendant à être déchargés du Don gratuit ; il leur a été écrit depuis à ce sujet, et sans opposer un refus formel à la levée de cette taxe, ils ont fait assez connaître le dessein qu'ils avaient de s'en affranchir.

Nosseigneurs les Commissaires du Roi ont dit que cette imposition qui est tout entière au profit de la Nation, devant plutôt être l'effet de l'amour du bien public qu'un tribut d'obéissance de la part du Clergé, Sa Majesté s'en rapporterait au zèle de Mgrs les Evêques et à l'empressement qu'ils ont témoigné dans la dernière Assemblée de faire ce qui pourrait être utile à l'Etat, de prendre sur cet objet une détermination conforme à l'intérêt général de la Nation et à l'ordre du Clergé en particulier, qu'ainsi cet objet n'était tiré ici que pour mémoire.

Le Piévan d'Aregno s'était soumis, en 1767, de payer une rente de six cents livres sa vie durant à l'Université établie à Corte par Paoli.

Nosseigneurs les Commissaires du Roi ont dit que sur les représentations qu'il a faites que cette obligation était l'effet de la violence, et sur les témoignages qu'en ont rendus les Etats dans leur dernière Assemblée, Sa Majesté avait trouvé juste de le décharger de cette redevance, et qu'en conséquence il serait rendu incessamment un Arrêt du Conseil pour annuler l'acte qui contient cette disposition obligatoire.

Le Domaine d'Antisanti affecté à l'éducation publique, peut devenir par la suite un objet intéressant, mais il faut y faire des dépenses considérables ; ce qui est en valeur n'a produit pour l'année 1772, que cent trente-sept livres.

Nosseigneurs les Commissaires du Roi ont remis à ce sujet sur le Bureau des Etats, pour en prendre communication, un décompte des sommes destinées à l'entretien de l'Université, qui ont été mises en dépôt dans la Caisse civile, depuis que l'Ile est soumise au Gouvernement Français, ils ont observé que ce décompte comprend les sommes réunies pour le produit, tant du Don gratuit que du Domaine d'Antisanti ;

Que, quant à ce dernier objet, les Etats verront la dégradation rapide et successive qu'il a éprouvée ;

Que depuis, M. l'Intendant a été autorisé à prendre les mesures nécessaires pour le remettre en valeur, et que les ordres ont été donnés en conséquence au Subdélégué de Corte, mais qu'on ne peut encore en connaître l'événement.

La fondation du Prêtre Leca est évaluée de douze à

quinze cents livres de revenus ; l'objet n'est point encore déterminé.

Nosseigneurs les Commissaires du Roi ont dit que Sa Majesté a chargé M. le Procureur Général de faire les diligences nécessaires contre le débiteur pour mettre cet article en règle, qu'en conséquence il ne sera porté ici que pour un revenu de douze cents livres.

La maison située à l'Ile Rousse est également affectée à l'Université, elle est occupée par les Troupes, le loyer en est réglé annuellement à trois cent livres, sur quoi il faut déduire les deux vingtièmes, reste donc un produit net de deux cent soixante-dix livres.

Sa Majesté, conformément au vœu des Etats, a consenti d'appliquer au profit de l'éducation les biens des assassins de Gafforio dont le jardin de Corte, formé par M. de Falkenheyn, fait partie.

Nosseigneurs les Commissaires du Roi ont observé à ce sujet, quant au jardin, que l'éducation pourra un jour en tirer un parti très avantageux, mais qu'à présent elle ne pourrait en entrer en jouissance qu'en dédommageant M. de Falkenheyn des dépenses qu'il a faites pour le mettre en valeur, que quant au reste des biens des Romei, le produit n'en était pas encore constaté, qu'ainsi l'un et l'autre objet ne pouvait encore être porté que pour mémoire.

Tous les biens qui ont appartenu aux Jésuites seront destinés à l'éducation publique, et, suivant les derniers comptes des Econômes, ont produit de recette effective une somme de treize mille cent cinquante-huit livres.

Nosseigneurs les Commissaires du Roi, pour faire connaître aux Etats l'objet annuel et successif du produit des biens des Jésuites et des charges et dépenses qu'ils ont eu à acquitter, ont remis sur le Bureau de l'Assemblée, pour en faire prendre communication, les comptes-rendus par les Econômes sequestres de Bastia et Ajaccio, depuis, et compris l'année 1770 jusqu'au premier Janvier 1774, et l'état de situation de la Caisse générale des biens des Jésuites pendant le même temps.

Ils ont en outre ajouté qu'il était dû aux Jésuites d'Ajaccio une somme de trente mille cinq cent quarante-neuf ducats placés sur les fonds publics de Naples, produisant une rente de mille neuf cent quatre-vingt-quatre ducats. Que le Gouvernement, étant parvenu à s'en procurer les titres, a reconnu que ce fond avait déjà considérablement déchu, et qu'il courait risque de périr encore, ce qui l'avait déterminé à en chercher le remboursement, qu'il l'avait obtenu, mais au moyen de différentes réductions que le capital avait souffertes, en sorte que le remboursement n'avait été fait que sur le pied de quatre-vingt-sept mille neuf cent trente-trois livres, treize sous, dix deniers, argent de France, en deux payements, l'un de quatre-vingt-quatre mille quatre cent trente-une livres, dix-huit sous, l'autre de trois mille cinq cent une livres, quinze sous, dix deniers; que ces deux sommes, ayant été placées à mesure qu'elles sont rentrées, produiront, au sept Septembre 1775, un capital de quatre-vingt-seize mille neuf cent vingt-huit livres, ce qui sera un revenu annuel à raison de quatre mille huit cent quarante-six livres, huit sous; qu'on avait de plus découvert que le Collège de Bastia était propriétaire d'une rente de cent soixante-six livres, huit sous, au principal de mille trois cent ducats génois placés à Venise, et qu'il appartenait pareillement au Collège d'Ajaccio une autre rente de mille quarante livres, au capital de soixante-dix-sept mille livres, sur la Ville de Milan; qu'on ne néglige aucun soin pour recouvrer les titres de ces deux articles;

Que les Ministres du Roi dans les Cours sont chargés d'en faire la recherche, et que si on parvient à les découvrir, on fera les démarches nécessaires pour faire rentrer ces deux parties, mais que ces objets sont trop incertains pour leur assigner aucune valeur; qu'ainsi le total des recettes ne sera donc porté ici que pour dix-neuf mille six cent onze livres, huit sous. Sur quoi il convient de déduire pour la pension de cinq Jésuites-Prêtres, à raison de quatre cents livres, et d'un Frère, à raison de deux cent cinquante livres, deux mille deux cent cinquante livres ;

Que la pension que l'Abbé Costa, ex-Jésuite, réclame, lorsqu'elle sera dûe, fera encore une dépense nouvelle de quatre cents livres.

Pour l'acquittement des fondations de différentes Chapellenies, mille quatre cent cinquante livres, cinq sous, deux deniers. Pour les appointements des Professeurs de Bastia, trois mille quatre cent cinquante livres. Pour frais de Régie, mille trois cent soixante-huit livres; partant le revenu serait de dix mille six cent quarante-six livres, deux sous, dix deniers.

A observer qu'on ne comprend pas dans le nombre des dépenses à la charge de l'éducation une pension de six cents livres, payée à l'Abbé Pieraggi, Instituteur à Corte, parce qu'elle ne devra plus avoir lieu, lorsqu'il y aura des basses classes établies pour l'instruction de la jeunesse ;

Qu'en outre les réparations et entretien des maisons et biens n'ont pas été portés, et ne peuvent être déterminés par une somme annuelle, parce que cet objet jusqu'à présent a été très dispendieux, et qu'il a même absorbé les produits.

Nosseigneurs les Commissaires du Roi ont dit que, d'après le tableau, et sur les comptes qui leur sont donnés en communication, les intentions de Sa Majesté sont que les Etats examineront en quoi consistent les biens et revenus affectés à l'éducation, et ce qu'on pourrait faire pour les améliorer et en augmenter les produits ;

Qu'ils ont en conséquence à délibérer sur le nombre des Collèges qui seront établis dans la position actuelle des choses, sur la forme à donner à ces établissements, sur le traitement des professeurs et sur le plan d'étude qui leur paraîtra le plus utile et le plus conforme au génie de la Nation, duquel plan Sa Majesté demande qu'ils dressent le projet ;

Qu'en cas d'insuffisance de moyens pour fonder les quatre Collèges, les Etats auront pareillement à déterminer des lieux où il sera nécessaire d'en établir d'abord et de préférence ; qu'enfin ils ont à délibérer sur le placement des quatre-vingt-seize mille neuf cent vingt-huit livres provenants du remboursement fait par la Cour de Naples, et sur le moyen de l'effectuer le plus sûrement et le plus avantageusement qu'il sera possible pour l'éducation.

A l'égard des écoles de campagnes, Nosseigneurs les Commissaires du Roi ont dit qu'il sera libre aux Communautés de nommer des Maîtres pour l'instruction des enfants, sous l'approbation de Mgrs les Evêques, conformément à ce qui a été arrêté aux Etats de 1773, dans la Séance du 27 Novembre, qu'elles pourront leur assigner une partie de leurs revenus, en se faisant autoriser par M. l'Intendant, à défaut des biens communaux, leur fixer une rétribution proportionnée à leurs peines.

Sur quoi, la matière mise en délibération, l'Assemblée générale, après avoir témoigné sa plus vive joie pour toutes les dispositions que Nosseigneurs les Commissaires du Roi viennent d'annoncer de la part de Sa Majesté, qui sont intéressantes pour l'utilité et pour la gloire de cette Nation, après avoir fait paraître les sentiments qui peuvent la rendre digne de la continuation de la bienfaisance de Sa Majesté, il a été arrêté de faire un Comité particulier pour examiner sérieusement tous les objets proposés en rapportant ensuite aux Etats le résultat de ses opérations.

La présente Délibération a été signée tant par Nosseigneurs les Commissaires du Roi que par Nosseigneurs Doria, Evêque d'Ajaccio, et Cittadella, nommé à l'Evêché de

Mariana et Accia, par MM. Poletti et Tiberi, Piévans, par MM. Corsi et Colonna, Députés Nobles, par MM. Giacobbi et Limarola, Députés du Tiers-Etat.

Par Nosseigneurs les Commissaires du Roi,
Signé : GIUBEGA.

Dudit jour 6 Juin 1775.

Nosseigneurs les Commissaires du Roi ont dit qu'il avait été formé différentes demandes relatives aux Assemblées générales et particulières de la Nation, tant par les Pièves que par les Provinces, qu'ils allaient les rappeler et annoncer aux Etats les réponses de Sa Majesté sur chacunes d'elles.

La Piève d'Ampugnani, Province de Bastia, a demandé l'augmentation de l'amende prononcée par l'Arrêt du Conseil du 2 Novembre 1772 et par l'Ordonnance du mois de Mai 1771, concernant la Juridiction des Podestats contre ceux qui n'assistent pas aux Assemblées des Communautés, des Pièves, des Provinces et l'Assemblée générale ; elle a demandé aussi qu'il fut prononcé une amende contre ceux qui, après avoir été nommés à quelque charge par leur Communauté, refuseront d'accepter, et que l'amende fut proportionnée à la qualité de l'emploi auquel ils auraient été élus.

La Piève de Luri et la Province du Cap-Corse ont demandé la permission d'élire indifféremment pour Officiers Municipaux les personnes présentes ou absentes, lors de l'Assemblée qui se tient à cet effet, attendu, que fort souvent les personnes les plus capables refusent de s'y rendre.

Nosseigneurs les Commissaires du Roi ont dit que ces demandes avaient paru mériter attention, qu'en conséquence, Sa Majesté permet qu'elles soient portées aux Etats, et qu'il en soit délibéré pour, sur l'avis des Etats, y avoir tel égard qu'elle avisera bon être.

Sur quoi, la matière mise en délibération, après avoir ouï les différentes opinions des Députés, l'avis de l'Assemblée générale a été :

1º Que ceux qui ont droit d'assister à l'Assemblée des Pièves, Provinces et des Etats, et qui seront absents sans cause légitime, seront sujets à l'amende portée par l'article 18 de l'Arrêt du Conseil d'Etat du 2 Novembre 1772, sans rien innover ;

2º Que les absents des Assemblées des Communautés seront mis à l'amende de douze livres au profit des mêmes Communautés ;

3º Que ceux qui seront nommés pour Officiers Municipaux, les Experts y compris, ne pourront en aucune manière, sans cause légitime, approuvée par Nosseigneurs les Commissaires du Roi, ou par le Subdélégué de M. l'Intendant, refuser la charge à laquelle ils seront élus ;

4º Que les absents de l'Assemblée des Communautés pourront être nommés et élus aux places Municipales, pourvu que leur absence ne provienne de quelque obstacle de trop longue durée et incompatible avec l'exercice des fonctions de la Municipalité.

La présente Délibération a été signée tant par Nosseigneurs les Commissaires du Roi que par Mgrs les Evêques, Piévans, Députés Nobles et Députés du Tiers-Etat qui ont signé la précédente de ce jour.

Dudit jour 6 Juin 1775.

Nosseigneurs les Commissaires du Roi ont dit qu'ils avaient à annoncer aux Etats les volontés de Sa Majesté sur différentes demandes faites par les Provinces et les Pièves relativement aux matières Ecclésiastiques.

La Piève de Pino, Province de Calvi, a représenté que les Curés étant déjà grevés par les loyers qu'ils payent de leur maison et le Don gratuit qu'ils supportent pour les écoles, demandent d'être déchargés du subside charitable que les Evêques les obligent de payer à leur entrée dans leur Diocèse, ou à chacune de leurs translations, lesdits Curés payent les uns quatre-vingts livres, les autres jusqu'à cent vingt, étant encore obligés de faire la dépense de la table des Evêques lorsqu'ils font la visite de leur Diocèse, ajoutant de plus que dans le Diocèse de Sagone les Curés payent tous les ans à la Mense Episcopale, les uns neuf livres et les autres seize, pour la Cathédrale, et que n'ayant que des revenus médiocres, ils ne peuvent suffire à tant de charges.

Nosseigneurs les Commissaires du Roi ont dit que Sa Majesté en recevant la Corse sous son obéissance, a expressément maintenu et confirmé par l'article onze de son Edit de Septembre 1769 Mgrs les Evêques dans les droits dont ils avaient bien et dûment joui jusqu'alors, que c'est à la Nation à prouver que le secours charitable n'en faisait pas partie ;

Qu'au surplus, Mgrs les Evêques sont invités à ménager dans le cours de leurs visites particulièrement les Ecclésiastiques.

La Piève de Saint-Florent a demandé qu'il plût à Sa Majesté de lui accorder une somme destinée à réparer la Cathédrale et la mettre en état d'y célébrer le service Divin, cette église qui a été détériorée, tant par la guerre que pour avoir servi de logement et de magasin aux Troupes, étant la seule qui puisse servir de Paroisse.

Nosseigneurs les Commissaires du Roi ont dit que la Cathédrale de Saint-Florent n'a point été détruite par ordre de Sa Majesté, que cependant le Roi prendra volontiers en considération les demandes de la Nation qui auront rapport à la décence du culte ; qu'elle doit se procurer pardevant M. l'Intendant, pour constater l'objet de ses besoins et se faire autoriser au parti qui sera jugé convenable de prendre pour la répartition des lieux saints.

La Province d'Aleria a demandé que l'Evêché d'Aleria fut érigé en Archevêché comme étant plus étendu et ayant des revenus plus forts que les autres.

Nosseigneurs les Commissaires du Roi ont dit que l'intention de Sa Majesté était qu'il ne fut donné aucune suite à cette demande.

La même Province, pour témoigner sa reconnaissance envers Mgr l'Evêque de la réforme qu'il introduit dans le Clergé des réparations de l'Eglise et du Palais Episcopal, des Ecoles qu'il a établies dans son Diocèse et la distribution qu'il a faite de plus de 4,000 mesures de grains à cause de la disette, a fait faire par ses Députés les plus vives et respectueuses sollicitations auprès du Roi, pour qu'il veuille récompenser les générosités de Mgr l'Evêque en lui accordant les moyens de pourvoir aux besoins de son Diocèse.

Nosseigneurs les Commissaires du Roi ont dit que Sa Majesté n'attendait pas moins du zèle de Mgr l'Evêque d'Aleria, et qu'elle verra toujours avec plaisir et approbation les œuvres charitables de ce Prélat.

Les Piévans de la Province d'Ajaccio ont demandé au nom du Corps Ecclésiastique de jouir de tous les privilèges accordés au Clergé de France.

Nosseigneurs les Commissaires du Roi ont dit que cette demande exigeait d'être particularisée.

La Province d'Ajaccio a observé que le grand nombre de Fêtes que l'on observe en Corse empêche le travail des ouvriers et la culture des terres, et qu'il serait à désirer qu'on le réduisit à celui des Fêtes de droit divin et indispensables.

Nosseigneurs les Commissaires du Roi ont dit que Sa

Majesté a invité Mgrs les Evêques à prendre cette demande en considération ; qu'il serait à désirer que, profitant de la tenue des Etats pendant laquelle ils se trouvent rassemblés, ils voulussent se concilier, pour, d'un commun accord, statuer sur cet objet, et arrêter un règlement uniforme pour tous les Diocèses de l'Ile.

Lesquelles réponses ont été ouïes par l'Assemblée Générale avec toute la soumission qu'elle doit avoir, et la présente délibération a été signée tant par Nosseigneurs les Commissaires du Roi que par Mgrs les Evêques et Députés qui ont souscrit les précédentes de ce jour.

Dudit du 6 Juin 1775

Nosseigneurs les Commissaires du Roi ont dit que relativement aux logements des Gens de Guerre il y avait différentes demandes formées ;

Que la Piève de Bastia a demandé qu'à l'avenir le logement militaire soit distribué à Bastia sur les habitants en général, de manière que ceux des habitants qui ne sont pas propriétaires de maisons, ou dont les maisons ne sont pas en état d'être habitées, indemnisent les propriétaires de celles qui sont occupées, et que cette indemnité soit repartie par les Officiers Municipaux suivant l'usage et les ordonnances de France ;

Que Sa Majesté renvoyait à cet égard la Piève de Bastia à l'article 4 de l'Arrêt du Conseil du 24 Octobre 1772 concernant le logement des Gens de Guerre en Corse ;

Que la Piève de Venaco, Province de Corte, avait demandé d'être payée et remboursée des loyers des maisons qu'ont habité les Troupes, ainsi que des bois qui ont été coupés et employés pour lesdites Troupes ;

Que sur cet objet la réponse de Sa Majesté était qu'il fallait distinguer ce qui avait pu avoir lieu avant le mois d'Avril 1770, et qu'il fallait imputer au malheur des temps, mais que, depuis le premier Avril 1770, l'Arrêt du Conseil du 24 Octobre 1772 y avait pourvu.

Nosseigneurs les Commissaires du Roi ont ajouté à cet égard que ce qu'ils ont rapporté à l'Assemblée sur l'imposition des maisons et le payement des loyers militaires lui a dû faire connaître les mesures que le Roi avait approuvées pour pourvoir incessamment et efficacement à cet objet ;

Que les Pièves de San Pietro et San Quilico avaient demandé que les maisons des habitants fussent exemptes de l'imposition des deux vingtièmes ;

Que cette demande se trouve prévue et répondue autant par les réponses faites sur cette matière au cahier des derniers Etats que par les dispositions de l'Arrêt du Conseil du 30 Septembre 1774 ;

Que la Communauté de Bastia avait demandé la restitution du Séminaire de la Ville actuellement occupé par les Troupes du Roi ;

Que l'intention de Sa Majesté est que ce bâtiment soit rendu aussitôt que la Communauté aura pourvu par d'autres moyens aux logements des Troupes.

La présente Délibération a été signée tant par Nosseigneurs les Commissaires du Roi que par Mgrs les Evêques et Députés qui ont signé les précédentes de ce jour.

Dudit jour 6 Juin 1775

Nosseigneurs les Commissaires du Roi s'étant retirés, Mgr Doria, Evêque président, a dit que les objets proposés dans la première délibération de ce jour concernant l'établissement des Collèges, pour en régler le nombre, le traitement des professeurs, le plan d'étude le plus utile et le plus analogue au génie de la Nation et l'emploi le plus avantageux et le plus sûr à faire des 96,928 livres recouvrées des fonds publics de Naples qui appartenaient aux Jésuites d'Ajaccio, exigent un examen sérieux, que pour y procéder avec méthode et avec ordre, il serait bien de nommer une Délégation Ecclésiastique conjointement avec quelques Députés Laïques pour s'en occuper avec soin.

Après quoi la matière mise en délibération, il a été arrêté qu'il y aurait un Comité et qu'il serait composé de Mgrs les Evêques, de MM. Gavini, Alberti, Poletti, Meglia, Piévans, de MM. Antoni, Colonna d'Ornano et Cattaneo, Députés Nobles, et des Sieurs Rigo, Rossi et Flach, Députés du Tiers-Etat, qui s'assembleraient chez Mgr l'Evêque Président, à sept heures du soir, pour y examiner tous les objets ci-dessus mentionnés.

Après quoi l'Assemblée a été remise à demain, sept de ce mois, neuf heures du matin.

La présente Délibération a été signée tant par Mgr l'Evêque Président, que par Mgrs les autres Evêques et Députés qui ont signé toutes les autres de ce jour.

Séance du 7 Juin 1775

Nosseigneurs les Commissaires du Roi, Mgrs les Evêques et Députés nommés ci-dessus s'étant rendus à la Salle de l'Assemblée, Nosseigneurs les Commissaires du Roi ont dit, en continuant de rapporter les demandes relatives aux Assemblées de la Nation, que la Province du Cap-Corse avait demandé de tenir les Assemblées à Luri, attendu que cette Communauté était le centre de la Province et la plus à portée des Piéves.

Nosseigneurs les Commissaires du Roi ont dit que, sous la condition portée par leurs réponses aux Etats derniers sur cet objet, Sa Majesté accordait cette demande, si ce changement était consenti par une délibération de la Province.

La Province de Calvi a demandé qu'il soit ordonné que les Assemblées de la Piève de Pino se tiennent à Montemaggiore ;

Nosseigneurs les Commissaires du Roi ont dit que la Province devait délibérer en règle sur cet objet, lors de sa première assemblée.

La Province du Cap-Corse a demandé que les Piévans fussent Députés de la Cour après Mgrs les Evêques ;

Nosseigneurs les Commissaires du Roi ont dit que cette demande était refusée, la proposition ayant déjà été faite, et rejetée.

Sur la demande de la Province de Balagne, d'avoir trois Députés de mille en mille feux conformément au Règlement de 1770;

Nosseigneurs les Commissaires du Roi ont dit que si le Règlement de 1770 a admis trois Députés par mille feux à l'Assemblée des Etats, l'Arrêt du Conseil du 2 Novembre 1772 y a dérogé, et a déterminé le nombre des Députés qui devaient assister aux Etats, et qu'à cet égard, c'étaient les dispositions de cet Arrêt qu'il fallait suivre.

Sur la demande de la Piève d'Aregno, Province de Balagne, d'envoyer six Députés à l'Assemblée de la Province, à laquelle demande les autres Piéves s'étaient opposées ;

Nosseigneurs les Commissaires du Roi ont dit que l'Arrêt du Conseil du 2 Novembre 1772 n'ayant point dérogé quant aux Assemblées des Provinces au Règlement de 1770, ce Règlement devait être maintenu.

La Province de Corte a délibéré sur les prétentions du Prévôt de Corte et du Curé d'Omessa, qui demandait d'être admis à l'Assemblée de la Province en qualité de Piévan de Talcini par préférence audit Prévôt ;

Nosseigneurs les Commissaires du Roi ont dit que l'intention de Sa Majesté était que la délibération de la Province de Corte fût maintenue à cet égard.

La Province de Calvi a demandé : 1º Qu'attendu l'âge décrépit du Piévan de Montemaggiore qui ne lui permet pas d'assister aux Assemblées de la Piève, il fût remplacé par l'Econome qui remplit ses fonctions, et que le dernier fût Député-né de la Piève ;

2º Qu'il plût à Sa Majesté d'admettre quatre Sujets du Tiers-Etat au nombre des Douze, à laquelle demande deux Députés se sont opposés ;

Nosseigneurs les Commissaires du Roi ont dit que le premier objet de la demande était rejeté, que Sa Majesté décidait que lorsque le Piévan ne pourrait point assister aux Assemblées de la Piève, il serait remplacé par le plus ancien Curé ;

Que le second objet était également rejeté, le Règlement qui établit la Commission des Douze exigeant qu'ils soient tirés du corps de la Noblesse.

Les Députés du Tiers-Etat de la Province de Sartene ont demandé unanimement avec les Députés Ecclésiastiques d'être admis à toutes les charges et emplois, et surtout à la Députation des Douze, comme il était anciennement d'usage en Corse ;

Nosseigneurs les Commissaires du Roi ont dit que Sa Majesté a décidé que les Ecclésiastiques Nobles pourraient sans difficulté représenter dans l'ordre des Nobles aux Assemblées quand ils y seraient députés, et y être admis à tous les emplois, mais qu'alors ils ne doivent avoir rang, séance et voix délibérative que comme Nobles, et ne pourraient opiner avec l'ordre Ecclésiastique ; qu'à l'égard des Députés du Tiers-État ils ne pourraient y prétendre.

Les Députés Nobles de la même Province ont demandé de leur côté d'être maintenus dans leur droit ; que l'ordonnance concernant la Noblesse soit observée, et même que leurs droits et prérogatives soient augmentés et réglés comme dans les autres Provinces de France ;

Nosseigneurs les Commissaires du Roi ont dit que conformément aux intentions de Sa Majesté, l'ordre de la Noblesse sera maintenu dans les droits et prérogatives dont elle a joui jusqu'ici.

La Province de Calvi a demandé qu'il plût à Sa Majesté de permettre aux Ecclésiastiques Nobles d'assister aux Assemblées générales et particulières dans l'ordre de la Noblesse avec voix active seulement, à quoi le Sieur Cattaneo, Député Noble, s'était opposé ;

Nosseigneurs les Commissaires du Roi ont dit que Sa Majesté avait décidé qu'il serait permis aux Ecclésiastiques Nobles d'assister aux Assemblées dans l'ordre des Nobles, quand ils seront choisis pour Députés, sans quoi ils n'en auraient point la faculté.

La Province du Cap-Corse a demandé qu'il fût permis aux Députés à l'Assemblée Générale des Etats de pouvoir y faire les propositions utiles qui auraient échappé aux Assemblées Provinciales :

Nosseigneurs les Commissaires du Roi ont dit que l'intention de Sa Majesté était qu'il ne fût rien changé à l'ordre établi de ne porter aux Assemblées Générales que les demandes arrêtées dans les Assemblées des Provinces.

La Province d'Ajaccio a condamné, sous le bon plaisir des Commissaires du Roi, à une amende de cinquante livres chacun des Députés de la Piève de Talavo pour ne s'être pas rendus à l'Assemblée de ladite Province, conformément à l'Arrêt du Conseil du 2 Novembre 1772;

Nosseigneurs les Commissaires du Roi ont dit que Sa Majesté renvoyait cette affaire par devant eux pour y statuer, qu'ils prendraient en conséquence les renseignements nécessaires pour juger si cette demande devait ou non subsister ;

Les Députés de la Piève de Viggiano, Province de Sartene, ont demandé que l'élection des Députés de la Piève de Scopamene fût déclarée nulle, attendu que le procès-verbal d'élection était sur papier simple ; à quoi les Députés des autres Pièves se sont opposés, et ont demandé au contraire que le procès-verbal de l'Assemblée Provinciale fût déclaré valide en tout son contenu pour éviter les inconvénients qui en pourraient résulter ;

Nosseigneurs les Commissaires du Roi ont dit que la considération de ce que le procès-verbal d'élection des Députés de la Piève de Scopamene était sur papier simple, n'en emportait point la nullité, attendu qu'aucun règlement ne s'oppose à ce que ces procès-verbaux ne soient rédigés que sur papier timbré.

La Province de Vico et la Piève de Pino, Province de Calvi, ont demandé qu'il fût permis à la Nation d'avoir un Orateur ou Syndic à la Cour ;

Sur quoi le Sieur Cattaneo, l'un des Députés de la Province de Calvi, avait dit que cette demande avait déjà été rejetée ;

Nosseigneurs les Commissaires du Roi ont dit que Sa Majesté la rejetait de nouveau.

Sur quoi la matière mise en délibération, l'Assemblée Générale en recevant les ordres de Sa Majesté avec le respect et la soumission qu'elle doit, a dit qu'elle se fera un devoir de s'y conformer entièrement.

La présente Délibération a été signée tant par Nosseigneurs les Commissaires du Roi que par Mgrs Doria, Evêque d'Ajaccio, Guasco, Evêque de Sagone, par MM. Alberti et Emanuelli, Piévans, Annibal Folacci et Jean-Baptiste Folacci, Députés Nobles, et par les Sieurs Flach et Bianchi, Députés du Tiers-Etat.

Par Nosseigneurs les Commissaires du Roi,
Signé : GIUBEGA.

Dudit jour 7 Juin 1775

Nosseigneurs les Commissaires du Roi ont dit que l'Assemblée des Etats de 1773, en vertu de l'autorité qui lui en a été attribuée, avait proposé le nombre de Bureaux de Contrôle qui lui paraissaient nécessaires sur l'augmentation du droit ordonné par Lettres-Patentes du 28 Juin 1773 ;

Que de neuf qu'elle avait proposés, Sa Majesté n'en a admis que cinq, ainsi que l'Assemblée a dû le connaître par l'extrait des réponses du Roi au cahier des Etats de 1773 ;

Que ces Bureaux sont ceux de Moltifao, Talasani, Zigliara, Guagno et Ghisoni dont la disposition et les fonctions sont réglées par l'Arrêt du 30 Septembre 1774 ;

Que dans les Assemblées Provinciales il avait été formé quelques demandes relatives à l'exécution dudit Arrêt ;

La Piève de Portovecchio avait demandé un Bureau de Contrôle à Portovecchio ;

Nosseigneurs les Commissaires du Roi ont dit que cela n'avait pas même été proposé par les Etats qui n'avaient pas compris Portovecchio dans le nombre des Communautés où ils estimaient nécessaire d'établir des Contrôleurs ; qu'ainsi cette demande ne pouvait plus mériter aucune attention.

La Piève d'Ampugnani a demandé que le Contrôleur des actes établi à Ampugnani fût versé dans la connaissance de la langue Italienne ;

Nosseigneurs les Commissaires du Roi ont dit que cette demande descendait dans un détail qui ne devait pas regarder l'Assemblée des Etats ; que Sa Majesté déclarait que le choix des Contrôleurs ne les regardait en rien ; que c'est à M. l'Intendant à examiner si ces Contrôleurs ont les qualités nécessaires pour bien faire leur service et à prendre connaissance des plaintes que l'on est en droit de porter contre eux, s'ils le font mal ; qu'ainsi c'est pardevant lui, comme Juge d'attribution du droit de Contrôle, que les questions de cette nature doivent être traitées ;

Que cette réponse était commune à la demande faite par la Piève de Tuani, qu'il ne fût exigé que dix-sept sous du Contrôle au lieu de trente pour la ratification des contrats passés par les pupilles et par les femmes.

Nosseigneurs les Commissaires du Roi ont ajouté que, pour établir au surplus la plus grande règle dans cette partie, Sa Majesté a bien voulu sur la demande des Etats, ajouter aux frais que coûtent déjà les Bureaux ceux d'un Contrôleur ambulant qui a charge et commission de voir successivement tous les Bureaux de l'Ile et les Etudes de tous les Notaires dans chaque arrondissement pour reconnaître si les Contrôleurs remplissent les devoirs qui leur sont prescrits par les Edits de leur établissement, et si les Notaires rédigent leurs actes conformément aux règles portées par l'article 4 de l Edit du mois de Juin 1771 ; que ledit Contrôleur ambulant constatera les contraventions et les plaintes qui viendront à sa connaissance, et qu'il y sera pourvu sur le compte qu'il en rendra à M. l'Intendant.

Sur quoi la matière mise en délibération, les Etats ont témoigné toute leur reconnaissance pour le nouvel établissement d'un Contrôleur ambulant qu'ils regardent comme un moyen efficace pour engager les Notaires et les Contrôleurs des districts respectifs à se bien comporter dans l'exercice de leurs fonctions.

Les Députés de Balagne ont représenté que la demande de la Piève de Tuani ne regarde pas le Contrôle, mais le Greffe de Calvi, où l'on exige deux livres pour chaque confirmation des contrats des mineurs et des femmes, tandis que par le passé on ne payait que dix-sept sous.

Sur quoi l'Assemblée Générale a dit que les Députés de Balagne porteront leurs représentations à M. le Premier Président et à M. le Procureur Général du Conseil Supérieur de cette Ile, qui pourvoiront à cet abus avec justice.

La présente Délibération a été signée tant par Nosseigneurs les Commissaires du Roi que par Mgrs les Evêques et Députés qui ont signé la précédente.

Dudit jour 7 Juin 1775.

Nosseigneurs les Commissaires du Roi ont dit que l'Assemblée Générale a pu connaître par l'extrait qu'ils lui ont remis des réponses du Roi au cahier des Etats de 1773 ce que Sa Majesté avait déterminé pour l'approvisionnement de la Corse, et y faciliter les subsistances.

Par l'article 3 de l'Ordonnance du 14 Décembre 1771 les grains étaient affranchis des droits d'entrée dans l'Ile pour trois ans seulement.

Sur la demande des Etats cet affranchissement a d'abord été prorogé jusqu'au premier Janvier 1778, et M. de Pradine, alors Intendant, a rendu le 10 Octobre 1774 une Ordonnance conforme.

Cette prorogation sera rendue indéfinie par un Arrêt du Conseil qui affranchira de tous droits à perpétuité l'entrée des grains dans l'Ile.

A l'occasion de la médiocrité des récoltes de 1773, les Etats avaient demandé la prohibition de la sortie des châtaignes, elle a été prononcée par la même Ordonnance du 10 Octobre 1774 avec une restriction favorable au commerce, en ce que l'exportation des châtaignes est demeurée permise aux Marchands et Patrons qui en échange apporteraient des grains dans l'Ile, mais la demande des Etats a reçu une extension favorable à la liberté des propriétaires par l'Arrêt du Conseil du 30 Septembre 1774 qui révoque celui du 2 Août 1771, portant défenses de planter des châtaignes sans la permission de M. l'Intendant ; qu'en outre, l'Ordonnance du 10 Octobre 1774 porte que les farines, les pâtes et même les semoules seront exemptes de tous droits d'entrée jusqu'au premier Octobre 1775.

Sur quoi Nosseigneurs les Commissaires du Roi ont observé que l'Assemblée devait remarquer combien le gouvernement était attentif à tout ce qui pouvait intéresser la subsistance de la Corse ;

Que dans les Assemblées Provinciales la Piève de Luri avait demandé qu'il fût défendu d'exporter des châtaignes, et la Province du Cap-Corse, la diminution des droits de Douane ;

Que ce qui vient d'être dit répondait suffisamment à ces demandes ;

Que les Etats ont demandé l'affranchissement de tous droits d'entrée sur les matériaux qui sont importés dans l'Ile pour la construction des maisons, que Sa Majesté a accordé cet affranchissement pour dix ans, ce qui répond à la demande de la Communauté de l'Ile-Rousse et de la Province de Balagne ;

La Piève de Luri a demandé que les droits sur les bois et le vin fussent diminués ;

Nosseigneurs les Commissaires du Roi ont dit que cette demande ne pouvait être écoutée dans le moment présent, et ont ajouté de plus, quant aux droits sur la sortie des bois, qu'ils ont été substitués à la défense absolue de les exporter, et que la difficulté qu'on éprouve à établir l'ordre sur cette partie permet d'autant moins d'y rien innover avant de plus amples éclaircissements. Que chaque jour il devient plus évident qu'on ne fait jusqu'ici des exploitations et des exportations de ce genre qu'au mépris des règles les plus inviolables de la propriété, les forêts ayant été abandonnées aux premiers occupants qui les ont plutôt dévastées qu'exploitées.

La Piève de Canari demande l'établissement d'un Député du Domaine à Canari pour que les petits bâtiments du pays ne soient pas obligés de descendre à Nonza, qu'elle dit être la plus mauvaise échelle de la côte ;

La Piève de Brando demande la faculté d'embarquer et de débarquer ses marchandises dans les différentes Marines sans être obligée de les faire rendre à Bastia pour y être vérifiées ;

La Piève de Sartene demande l'établissement d'une Douane dans le Golfe de Propriano, et la Piève de Portovecchio demande un pareil établissement à Portovecchio ;

Nosseigneurs les Commissaires du Roi ont dit que ces propositions étaient des arrangements particuliers auxquels l'Assemblée des Etats n'avait que peu ou point de part à prendre ; que les intentions du Roi étaient qu'ils fussent concertés avec l'Inspecteur des Domaines, pour être ensuite proposés par M. l'Intendant s'il les trouvait admissibles ; qu'ainsi c'était à M. l'Intendant que les Pièves et Communautés devaient s'adresser.

Les Pièves de Luri et de Canari ont demandé l'exemption du droit d'ancrage pour tous les bâtiments du Cap-Corse dans quelque Port ou rade de l'Ile qu'ils abordent, et la Province a adopté cette demande ;

Nosseigneurs les Commissaires du Roi ont dit qu'elle avait déjà été proposée dans les cahiers des précédents Etats ; que c'est à cette occasion que le droit d'ancrage a été réglé et modéré à la moindre somme possible par l'Arrêt du Conseil du 24 Avril 1774, et que l'intention du Roi était qu'il n'y fût rien changé.

Sur quoi les Etats en renouvelant les témoignages de leur gratitude pour les affranchissements qui viennent d'être annoncés, dont ils n'ignorent point l'utilité, ont respectueusement remercié Nosseigneurs les Commissaires du Roi.

La présente Délibération a été signée tant par Nosseigneurs les Commissaires du Roi que par Mgrs les Evêques et Députés qui ont signé les précédentes.

Dudit jour 7 Juin 1775.

Nosseigneurs les Commissaires du Roi ont dit que, depuis le parti pris d'approvisionner la Corse en sel de Sardaigne, il n'a été porté aucune plainte de la part de qui que ce soit sur la qualité du sel, que cependant on a fait demandes au nom de la Province d'Aleria que le sel soit de meilleure qualité étant, dit-on, détestable pour le présent par la grande quantité de sable qui s'y trouve mélangé, ce qui, ajoute-t-on, excite les plaintes des Troupes du Roi à Cervione ;

Qu'il n'est rien dit de la qualité du sel dans aucune autre Assemblée Provinciale ; que l'administration n'a eu aucune connaissance que la Garnison de Cervione ait formé aucune plainte ; que, loin d'en attendre, tous les procès verbaux de réception faits par les Receveurs qui sont les premiers intéressés à assurer la bonté du service, supposent qu'ils n'ont rien trouvé à redire à la qualité du sel ; qu'ainsi on en doit conclure que la demande de l'Assemblée d'Aleria a été suggérée par quelque intérêt particulier qui ne mérite aucune attention.

Nosseigneurs les Commissaires du Roi ont ajouté qu'ils avaient à instruire l'Assemblée de la suite qui a été donnée aux promesses faites aux derniers Etats de fournir la Corse de sel du pays ;

Qu'en conséquence on avait fait faire dans le Golfe de Saint-Florent, l'année dernière, un essai de saline qui n'a pu donner la première fois un résultat avantageux, parce qu'il était nécessaire que les bassins fussent ensalinés, mais qu'il a été donné de nouveaux ordres pour reprendre ledit essai ;

Que dans l'intervalle l'Inspecteur des Domaines a vu par ordre de Sa Majesté les Salines de Porto-Ferraio et de Berre, pour s'assurer de la meilleure manière de construire les bassins et de former le sel, que le Roi a nommé un Directeur chargé spécialement de suivre les recherches et les travaux, auxquels elles doivent donner lieu, et que ce Directeur est actuellement à Saint-Florent occupé des premières opérations à faire, qu'ainsi c'est un objet qui est en pleine activité.

Nosseigneurs les Commissaires du Roi reprenant la suite des demandes qui ont été formées relativement à la fourniture et distribution du sel, ont dit que la Province du Nebbio avait demandé, que le grenier à sel de Saint-Florent fût ouvert tous les jours ;

Que cette demande était encore une de celles qui ne pouvaient concerner les Etats, s'agissant d'un règlement de Direction et de Police intérieure, dont la connaissance appartient à M. l'Intendant ;

Que l'intention du Roi était que le service pour la distribution du sel se fît en Corse de la manière la plus commode pour le public, que ce service doit être cependant assujetti à des règles; qu'il se fait tous les jours de la semaine, mais qu'il est assez raisonnable qu'il soit fixé à certaines heures du jour pour ne pas retenir constamment dans le grenier à sel le Receveur qui a d'autres services à faire, et que c'était ce qui se trouvait établi.

Sur la demande faite par la Pièvc de Portovecchio, d'établir à Portovecchio un grenier où le sel se distribuât au même prix qu'à Bonifacio ;

Nosseigneurs les Commissaires du Roi ont dit que cette demande a été proposée et rejetée dans toutes les Assemblées précédentes; que la consommation de Portovecchio n'est pas encore au point d'acquitter les frais de l'établissement d'un grenier à sel ; mais que cette discussion ramenait à ce qui a été déjà traité pour l'établissement des régrats, conformément à l'article 4 de l'Ordonnance du 30 Juillet 1772.

Nosseigneurs les Commissaires du Roi ont dit qu'ils avaient à annoncer qu'il y aurait un régrat dans chaque Piève, que l'on attend un Mémoire qui a été demandé sur les endroits, où ces établissements conviendraient le mieux ; qu'il serait indiqué dans les circulaires à écrire pour la première convocation des Assemblées des Pièves afin qu'elles nomment leurs régratiers, et qu'elles conviennent du prix auquel le sel sera délivré dans chaque Piève, eu égard à sa valeur dans le magasin du Roi, qui est de quinze deniers la livre, et aux frais de transport et de régrat, mais que ces conditions seront soumises à l'examen de M. l'Intendant, et n'auront lieu qu'autant qu'il les aura approuvées.

Sur quoi l'Assemblée Générale a dit que quoique le sel qui arrive de Sardaigne pour être vendu en Corse soit de bonne qualité, il cesse de l'être dès qu'il est remis dans les magasins où on le vend mêlé avec du sable ; qu'en conséquence ils prient M. l'Intendant d'employer son autorité pour connaître la cause de cette différence et y pourvoir de la manière que sa prudence et sa justice lui suggéreront.

La présente Délibération a été signée tant par Nosseigneurs les Commissaires du Roi que par Mgrs les Evêques et Députés qui ont signé les précédentes.

Dudit jour 7 Juin 1775

Nosseigneurs les Commissaires du Roi ont dit qu'ils vont faire le précis des demandes formées sur l'objet des édifices publics, ponts et chemins, et des décisions de Sa Majesté sur chacun.

La Province entière de Bastia et la Piève d'Ampugnani en particulier ont demandé le rétablissement des chemins de Communauté à Communauté, et qu'il soit donné les ordres les plus précis aux Podestats et Pères du Commun, pour qu'ils aient à faire procéder à ces réparations dans les temps qui seraient jugés les plus convenables;

Nosseigneurs les Commissaires du Roi ont dit qu'il fallait se pourvoir à cet égard pardevant M. l'Intendant pour y être statué.

La Piève de Sartene a arrêté que Sa Majesté serait suppliée de faire construire un Chemin Royal de Sartene à Bonifacio, en faisant faire un Pont sur le fleuve d'Ortolo et un autre à vingt lieues de distance de Bonifacio, puisque les habitants de ladite Piève étaient autrefois tenus de le faire ;

Nosseigneurs les Commissaires du Roi ont dit que Sa Majesté permettait aux Etats d'en délibérer, et qu'elle prendra volontiers en considération la détermination qui sera prise, pour n'y être cependant pourvu qu'après que d'autres ouvrages des chemins plus instants et plus intéressants seront achevés.

La Piève de Luri, Province du Cap-Corse, a demandé la réparation des Ports de Macinaggio et de Centuri qui ne pouvait plus être différée sans anéantir le commerce et ruiner les habitants ;

La Piève de Tuani, Province de Balagne, et la Piève d'Olmi, Province de Calvi, ont demandé qu'au lieu d'une petite barque à l'embouchure de la rivière de Calvi pour le passage des voyageurs il y fut construit un pont de bois qui ne coûterait pas ce qu'on donne au bâtelier pour les gages d'une année, ou que l'on fixât le temps qu'il sera employé à ces service ;

Nosseigneurs les Commissaires du Roi ont dit que Sa Majesté décidait sur ces objets qu'il fallait se pourvoir à M. l'Intendant pour y être statué.

La Ville d'Ajaccio a représenté qu'étant dans l'impossibilité de pourvoir au manque d'eau qu'elle éprouve pendant l'été, elle suppliait Sa Majesté de vouloir bien lui en fournir le moyen, ce manque d'eau étant occasionné par l'accroissement des individus que produit la garnison ;

Nosseigneurs les Commissaires du Roi ont dit que Sa Majesté demandait que la Piève fournit des mémoires sur les moyens de procurer de l'eau à Ajaccio, et qu'elle se pourvût à M. l'Intendant pour les faire adopter ;

Sur quoi la matière mise en délibération les Etats ont invité les Députés de la Province de la Rocca de faire valoir les raisons qu'ils croyent avoir pour obliger la Ville de Bonifacio à la construction des deux ponts réclamés par la Piève de Sartene. Les Députés de ladite Province ignorant les titres qui ont donné lieu à cette demande se sont réservés de rassembler les éclaircissements et les pièces qui pourraient venir à son appui. Sur quoi les Etats ont renvoyé la délibération après que la Piève de Sartene et la Communauté de Bonifacio auraient présenté leurs Mémoires respectifs.

La présente Délibération a été signée tant par Nosseigneurs les Commissaires du Roi que par Mgrs les Evêques et Députés qui ont signé les autres précédentes.

Dudit jour 7 Juin 1775.

Nosseigneurs les Commissaires du Roi s'étant retirés, Mgr l'Evêque Président a dit que quoique par les états présentés par le Trésorier de la Caisse Civile l'on puisse reconnaître quelles sont les sommes qui lui ont été payées jusqu'au 27 du mois de Mai dernier, tant pour la Subvention que pour l'imposition des logements des Gens de Guerre, néanmoins il serait nécessaire de savoir quelles sont les Communautés qui sont en retard pour le payement de leurs charges respectives, et quels sont les Trésoriers des Provinces qui n'ont pas versé dans la Caisse de la Nation les sommes qu'ils ont recouvrées ;

Que pour acquérir ces notions il croyait nécessaire de choisir parmi le nombre des Députés quelques Sujets pour recueillir de l'Intendance, ainsi que des Trésoriers, tous les états et tous les comptes qu'il leur sera possible d'avoir pour connaître exactement quels sont les payements faits et ceux qui restent à faire ;

Sur quoi la matière mise en délibération, il a été arrêté que MM. Cattaneo, Petriconi, Annibal Folacci et Flach seront chargés de réunir toutes les notes, comptes et calculs concernant cet objet, dont ils feront rapport aux Etats pour être par eux pris ensuite telle détermination qui sera reputée convenable.

Après quoi la Séance a été remise à demain, huit du courant, neuf heures du matin.

Et la présente Délibération a été signé tant par Mgr l'Evêque Président que par Mgrs les Evêques et Députés qui ont signé les précédentes de ce jour.

Séance du 8 Juin 1775.

Monseigneur Doria, Evêque Président, Mgrs les Evêques et Députés ci-dessus nommés, s'étant rendus dans la salle de l'Assemblée, Mgr l'Evêque Président a dit que dans la quatrième délibération du 29 du mois de Mai dernier, M. l'Intendant annonça aux Etats que la Province d'Aleria, les Piêves d'Olmi, Sevinfuori, Bonifacio et Bozio, les Communautés de Sorbollano, Serra et autres avaient réclamé contre l'augmentation qui fut réglée par l'Assemblée Générale de 1773 ainsi que contre les opérations qui l'avaient précédée; que ces représentations conjointement avec celle de la Piève d'Ampugnani et de Rostino, et des Communautés de S. Gavino, Giocatoggio, S. Lucia, S. Reparata et S. Giovanni de la Pièvre de Moriani, ont été remises aux Etats par M. l'Intendant pour y faire droit;

Que le Comité a été chargé par l'Assemblée Générale de bien peser ces demandes pour faire ensuite le rapport des expédients qu'il y aurait à prendre;

Que les Etats entendraient volontiers à cet égard l'avis du Comité pour prendre en conséquence les délibérations les plus conformes à l'équité;

Après quoi M. l'Abbé Santini, nommé à l'Evêché du Nebbio, a dit que le Comité ayant entendu et examiné les raisons des Pièves et Communautés réclamantes, il s'en est trouvé quelques-unes qui exigent qu'il y soit pourvu, et que les autres étaient dans le cas d'être rejetées;

Qu'il y a à distinguer en premier lieu les représentations de la Pièvre de Rostino et des Communautés de Carcheto, Petricaggio, Giocatoggio et San Gavino;

Et en second lieu, celles de la Pièvre de Bonifacio, Olmi, Bozio et Sevinfuori, de la Province d'Aleria, des Communautés de Forci, Santa Reparata et San Giovanni de Moriani;

Qu'au sujet de la surtaxe de la Pièvre de Rostino, on a reconnu clairement qu'elle résultait de l'équivoque du calcul des châtaignes déclarées fraîches et évaluées sèches, ce qui a rendu ce canton chargé d'une imposition plus forte que celle des Pièves de Bastia, Casinca et Ampugnani, chacune desquelles la surpasse de beaucoup en population et en biens fonds;

Qu'on a cru en conséquence que la Pièvre de Rostino est dans le cas d'obtenir sur le total des trois précédentes années une déduction de quatre mille cinq cent livres y compris les mille six cent quatre-vingt-quatre livres, dix-huit sous, dix deniers, dont M. l'Intendant s'était proposé de la décharger ;

Que la surtaxe de la Communauté de Carcheto, de la Piève d'Orezza, a été reconnue provenir seulement de ce que les déclarations pour les foins avaient été faites par livres, et calculées par quintaux, ce qui a occasionné la différence en sus de deux cent sept livres, dix-huit sous, dont on croit convenable de la décharger suivant la note qui en avait été faite par M. l'Intendant ;

Que celle des Communautés de Giocatoggio et S. Gavino procédait de la même cause que celle de Rostino, au moyen de quoi on a cru qu'on devait décharger la première de cent cinquante livres et la seconde de même somme, ce qui fait trente livres de moins que ce que M. l'Intendant avait proposé ; quant à la Communauté de Petricaggio elle n'a pas paru mériter de déduction plus forte que celle de sept livres, quatorze sous.

Après quoi la matière mise en délibération, l'Assemblée a arrêté que les déductions proposées par le Comité auraient lieu ; mais que les requêtes de la Province d'Aleria et des Pièves et Communautés en question seraient rejetées, le tout sous le bon plaisir de M. l'Intendant.

La présente Délibération a été signée tant par Mgr l'Evêque Président que de Mgrs Cittadella, Evêque du Nebbio nommé à l'Evêché de Mariana et Accia, l'Abbé Santini, nommé à l'Evêché du Nebbio, Guidoni et Ogliastri, Piévans, Colonna d'Istria et Roccaserra, Députés Nobles, Benedetti et Rigo, Députés du Tiers-Etat.

Par Nosseigneurs les Commissaires du Roi,
Signé : GIUBEGA.

Dudit jour 8 Juin 1775.

Monseigneur l'Evêque Président a dit que pour connaître quelle sera l'augmentation à laquelle il faudra avoir recours pour suppléer à l'insuffisance du tiers du produit des deux vingtièmes des trois années de 1771, 1772 et 1773, il serait nécessaire de dresser un état détaillé de toutes les charges annuelles de la Nation ;

Que le Comité a pu facilement les connaître d'après son travail, qu'ainsi il est convenable d'en entendre le rapport.

Après quoi M. l'Abbé Santini, Président du Comité, a dit que quoiqu'il soit difficile de fournir un compte exact du montant des impositions annuelles à la charge de la Nation, puisque les objets qui les règlent changent pour l'ordinaire chaque année, tels que ceux des loyers des logements militaires, des réparations qui y sont nécessaires, et que néanmoins le Comité s'occupe à rédiger un état qui démontre à peu près la totalité des charges de la Nation, et à régler l'augmentation nécessaire pour y subvenir, ce qui sera proposé dans la Séance de demain.

Après quoi la Séance a été remise à demain, neuf du courant, neuf heures du matin.

Et la présente Délibération a été signée tant par Mgr l'Evêque Président que par Mgrs les Evêques et Députés qui ont signé la précédente de ce jour.

Séance du 9 Juin 1775.

Monseigneur Doria, Evêque Président, et Mgrs les Evêques et Députés ci-dessus dénommés s'étant rendus à la Salle d'Assemblée, Mgr l'Evêque Président a dit que dans la Séance d'hier on a annoncé que le Comité présenterait, ce matin, à l'Assemblée, l'état de tous les impôts annuels, afin de pouvoir procéder ensuite à l'augmentation nécessaire pour satisfaire aux charges de la Nation au marc la livre de la Subvention réglée sur le tiers des deux vingtièmes des trois années précédentes, et de l'augmentation successive, de sorte que moyennant l'examen et inspection de ce calcul, l'Assemblée Générale puisse mettre la dernière main aux opérations dont elle a été chargée par Nosseigneurs les Commissaires du Roi.

Après quoi M. l'Abbé Santini, nommé à l'Evêché du Nebbio, a dit que toutes les charges auxquelles la Nation est assujettie ayant été bien examinées, on a trouvé que presque tous les articles ne sont susceptibles d'aucune discussion ; qu'il n'y en a que deux qui méritent quelque considération.

Le premier concerne le supplément à l'imposition des deux vingtièmes pour les logements des Troupes, puisqu'après l'exemption des maisons occupées par les Propriétaires, le produit des deux vingtièmes sur les maisons louées ne suffit pas pour y satifaire ;

Le second est celui des réparations locatives desdits logements militaires qui sont à la charge de la Nation ;

Qu'à l'égard du premier on ne peut faire qu'un compte par approximation, cet objet dépendant de la quantité plus ou moins forte des Troupes en Corse, de leurs différents cantonnements, de l'équité avec laquelle les loyers peuvent être réglés et de l'exactitude à constater les besoins réels des logements des Gens de Guerre; mais que de toute façon, d'après les notions que les rôles des années précédentes fournissent tant sur le montant de cette imposition que sur le produit des maisons louées, on peut juger qu'il faudra un supplément de douze mille livres par an.

Que l'objet des réparations est également incertain, mais que le Comité a cru qu'on pouvait subvenir à cette charge avec la somme de trois mille livres par an.

Que sur tous les autres objets d'imposition on n'a rien trouvé à retrancher, et qu'après avoir formé un état détaillé du tout, on a vu qu'il montait à 186,486 livres, ce qui fait l'objet de l'imposition à payer pour l'année du premier Octobre 1773 au premier Octobre 1774 et pour les années suivantes jusqu'à la confection du Cadastre.

SAVOIR :

Pour l'abonnement de la Subvention dûe au Roi	120,000.
Pour la tenue des Assemblées Provinciales.	1,887. 10. s.
Pour la tenue de l'Assemblée Générale.	4,310.
Pour la gratification de cent livres à chacun des dix Subdélégués qui président aux Assemblées Provinciales.	1,000.
Peur la décoration de la Salle de l'Assemblée	325.
Pour la cire, musique et décoration de l'Eglise de Saint-Jean dans les deux jours d'ouverture et de clôture des Etats	190.
Pour la gratification à la Maréchaussée.	720.
Au Héraut.	200.
A l'Huissier	100.
Pour la Commission des Douze	3,600.
Pour le Bureau de la Subvention.	8,400.
Pour les Députés à la Cour	9,500.
Pour les gratifications que lesdits Députés distribuent.	1,349.
Pour supplément aux loyers des logements militaires	12,000.
Pour les réparations desdits logements.	3,000.
Pour l'entretien des chemins	2,000.

Pour dédommagement aux Propriétaires des terres employées aux chemins . . . . 1,000.

Pour l'impression des Instructions, Ordonnances et autres écritures relatives à la Subvention et à l'imposition des deux vingtièmes sur les maisons occupées . . 1,500.

Pour les droits de collecte aux Podestats et Pères du Commun à raison de deux pour cent et celui d'un pour cent aux Trésoriers . . . . 6,000.

Que le Comité en outre a senti la nécessité de pourvoir à un fonds annuel en sus de ses charges ordinaires pour suppléer aux frais et besoins imprévus de la Nation;

Qu'il a cru devoir régler ce fonds à huit mille cinq cent trois livres, qui seront versées dans la caisse du Trésorier général, dont il sera tenu de rendre compte aux Assemblées des Etats; que si cette somme n'était pas entièrement absorbée par les besoins extraordinaires de la Corse, on pourrait employer le restant aux établissements que les Assemblées Générales croiraient les plus utiles et les plus nécessaires pour la Nation.

M. l'Abbé Santini a ajouté que pour délivrer la Nation de la charge plus embarrassante encore que dispendieuse de subvenir en partie à la répartition des Maisons destinées au logement des Troupes, il serait à propos de supplier Sa Majesté de la rejeter sur les propriétaires; mais que pour venir à leur secours, la Nation contribuerait à leur profit de dix pour cent en sus du montant des loyers au moyen de quoi toutes les réparations sans exception resteraient à leur charge;

Que pour mettre les propriétaires à l'abri de l'excès des réparations qu'on pourrait prétendre tant pour les logements militaires que pour les autres bâtiments employés pour le service du Roi, on pourrait demander que la nécessité des réparations fut vérifiée par le Commissaire des Guerres du district en présence non seulement du propriétaire, mais encore des Podestat et Pères du Commun du lieu.

Après quoi la matière mise en délibération, il a été arrêté, que, sous le bon plaisir du Roi, les impositions et charges de la Nation pour l'année 1773 à 1774 et pour les années suivantes jusqu'à l'établissement du cadastre seraient réglées à la susdite somme de cent quatre-vingt-six mille, quatre cent quatre-vingt-six livres, conformément à l'état présenté par le Comité ; et en outre l'Assemblée a arrêté que Sa Majesté serait humblement suppliée de vouloir bien mettre à la charge des propriétaires des maisons et autres bâtiments occupés par les Gens de Guerre ou pour le service du Roi toutes les réparations sans distinction qui y seraient nécessaires moyennant la rétribution annuelle de dix pour cent en sus du montant des loyers qui leur sont dûs, ou tel autre dédommagement proportionné.

La présente Délibération a été signée tant par Mgr l'Evêque Président que par Mgrs les Evêques Guasco et de Guernes, MM. Franceschi et Villanova, Piévans, Poli et Petriconi, Députés Nobles, Campocasso et Biguglia, Députés du Tiers-Etat.

Signé : GIUBEGA, *Greffier en chef.*

Dudit jour 9 Juin 1775.

Monseigneur Doria, Evêque Président, a dit qu'après la fixation des charges de la Nation montant à 186,486 livres, il reste à voir quelle est l'augmentation nécessaire pour y satisfaire ;

Que pour procéder régulièrement sur cet article, il faut ici rappeler ce que Nosseigneurs les Commissaires du Roi ont annoncé dans la Séance du 29 Mai dernier dans laquelle il a été dit que le tiers du montant de la Subvention des trois années du premier Octobre 1770 au premier Octobre 1773, suivant les déclarations des produits et l'augmentation réglée par l'Assemblée précédente, présentait un objet de 139,434 livres, à quoi on devait ajouter l'augmentation que les Etats devaient régler sur les déclarations de la quatrième année dont l'inexactitude était visible ;

Que l'augmentation fixée dans la Séance du 30 Mai dernier monte à 42,280 livres, 18 sous, 11 deniers, pour la rectification de l'année du premier Octobre 1772 au premier Octobre 1773, dont le tiers est de 14,093 livres, 12 sous, 11 deniers 2/3, d'où il résulte que le tiers de trois années qui doit régler l'année du premier Octobre 1773 au premier Octobre 1774, les déclarations et les augmentations y comprises, forme un total de 153,504 livres, 15 sous, 9 deniers ;

Que pour arriver à la somme de 186,486 à laquelle la Corse se trouve imposée, il manque celle de 32,981 livres, 4 sous, 3 deniers, qui doit être repartie au marc la livre des déclarations et augmentations qui ont été réglées pour former l'année commune ; Mgr l'Evêque Président a observé qu'avant de procéder à cette opération, il convient d'examiner si la décharge accordée dans la Séance d'hier à la Piève de Rostino de 4,500 livres y comprise la déduction de 1,680 livres, 18 sous, 10 deniers, proposée par l'Intendant, doit être absolument déduite ou rapportée à la charge de la Province de Bastia pour règle de l'augmentation et de la répartition.

Après quoi la matière mise en Délibération, l'Assemblée Générale a arrêté que la décharge accordée à la Piève de Rostino n'apportera aucune diminution à la somme dont la Province de Bastia a été reconnue débitrice dans la délibération du 30 Mai ; que les 2,816 livres, dont ladite Piève a été déchargée en sus de ce que M. l'Intendant avait projeté, seraient reparties sur toutes les Pièves et Communautés de la Province de Bastia, à l'exception de la Piève de Rostino, en proportion de l'augmentation réglée dans la Séance du 5 du courant ; après quoi ayant procédé à la répartition des 32,981 livres, 4 sous, 3 deniers, en proportion de 153,580 livres, 15 sous, 9 deniers, on a trouvé que l'augmentation doit être réglée à raison de 215 livres, 10 sous, 4 deniers par livre, ce qui produit un excédent de 85 livres, 7 sous, 2 deniers, qu'on a laissé subsister pour ne pas multiplier les fractions.

Au moyen de quoi la Province de Bastia qui pour le tiers des déclarations de trois années et des augmentations avait été taxée à 45,815 liv., 4 s., 3 d., payera de plus 9,926 liv., 13 s., 2 d., ce qui fait un total de . . . . 55,741. 10. 5.

La Province de Sartene qui pour le tiers comme ci-dessus était taxée à 12,485 liv., 18 s., 8 d., payera de plus 1,705 liv., 5 s., 6 d., ce qui fera un total de . . . . 15,191. 3. 6.

Celle d'Aleria qui pour le tiers comme ci-dessus était taxée à 7,838 liv., 5 s., 6 d., payera de plus 1,698 liv., 6 s , 7 d., ce qui fait un total de. . . . . 9,536. 12. 1.

Celle du Nebbio qui pour le tiers comme ci-dessus était taxée à 7,744 liv., 3 s., 10 d., payera de plus 1,677 liv., 19 s., 3 d., ce qui fait un total de . . . . 9,422. 3. 1.

Celle de Calvi qui pour le tiers comme ci-dessus était taxée à 3,931 liv., 4 s., 3 d., payera de plus 851 liv., 15 s., 9 d., ce qui fait un total de. . . . . 4,783. — —

Celle d'Ajaccio qui pour le tiers comme ci-dessus était taxée à 10,320 liv., 1 s., 6 d., payera de plus 4,186 liv., 6 d., ce qui fait un total de . . . . 23,506. — —

Celle de Balagne qui pour le tiers comme ci-dessus était taxée à 19,004 liv., 4 d., payera de plus 4,117 liv., 10 s., 8 d., ce qui fait un total de . . . . 23,121. 11. —

Celle du Cap-Corse qui pour le tiers comme ci-dessus était taxée à 17,175 liv., 11 s., 4 d., payera de plus 3,721 liv., 7 s., 4 d., ce qui fait un total de . . . . . . 20,896. 18. 8.

Celle de Vico qui pour le tiers comme ci-dessus était taxée à 4,536 liv., 12 s., 11 d., payera de plus 982 liv., 18 s., 10 d., ce qui fait un total de . . . . 5,519. 11. 9.

Contre laquelle répartition les Députés, tant de la Province du Cap-Corse que ceux de la Province de Balagne, ont réclamé, et ces derniers se croyant surchargés par l'augmentation réglée par l'Assemblée Générale, ont prétendu qu'ils ne devaient pas être assujettis à cette nouvelle répartition, et l'Assemblée Générale n'ayant pas voulu avoir égard à ces réclamations et protestations qui lui ont paru mal fondées, Mgr l'Evêque Président en a donné acte pour les faire valoir auprès de M. l'Intendant autant qu'il sera juste.

Après quoi la Séance a été remise à demain, dix du courant, neuf heures du matin.

La présente Délibération a été signée tant par Mgr l'Evêque Président que par Mgrs les Evêques et MM. les Députés qui ont signé les précédentes de ce jour.

Séance du 10 Juin 1775

Monseigneur l'Evêque Président, Mgrs les Evêques et Députés ci-devant dénommés, (Mgr Guasco, Evêque de Sagone, absent à cause de maladie) s'étant rendus à la Salle de l'Assemblée, Mgr l'Evêque Président a dit que, dans la Séance de ce jour, il serait convenable de procéder à l'élection des trois Députés à la Cour, savoir d'un Député Ecclésiastique, qui doit être choisi dans le corps Episcopal, d'un Député Noble et d'un du Tiers-Etat, conformément à ce qui est prescrit par l'Arrêt du Conseil d'Etat du 2 Novembre 1772 concernant les Assemblées générales et particulières de la Nation Corse;

Que suivant les réponses du Roi au procès-verbal des Etats, les Provinces du delà des Monts dans le nombre des trois Députés doivent en avoir un de droit;

Qu'en conséquence on allait passer aux suffrages par la voie de l'urne tous les membres de cette Assemblée, à la réserve des Piévans et de ceux qui seront dispensés par des causes légitimes.

Après quoi Mgr Cittadella, Evêque du Nebbio nommé à l'Evêché de Mariana et Accia, a dit que les Etats derniers l'ayant compris dans la Députation, c'était une juste raison pour le dispenser de passer aux suffrages.

Ensuite MM. Casalta, Colonna d'Ornano, Folacci Annibal, Jean-Baptiste Folacci et Poli, Députés Nobles, ont fait connaître les raisons légitimes qu'ils ont de ne pas concourir à la Députation, et enfin, dans l'ordre du Tiers-Etat, tous les Députés, à la réserve des Sieurs Rossi, Flach, Pietri, Valentini, Calendini, Rigo et Benedetti, ont donné des motifs valables pour être dispensés de passer aux suffrages.

Sur quoi l'Assemblée Générale admettant les excuses de Mgr Cittadella et des autres Députés, a procédé à la nomination et élection des Députés à la Cour.

Mgr Doria, Evêque d'Ajaccio, Mgr de Guernes, Evêque d'Aleria, et M. l'Abbé Santini, nommé à l'Evêché du Nebbio, et les Députés de l'ordre de la Noblesse ayant été successivement et séparément passés aux suffrages, à la réserve de ceux qui s'en étaient exclus pour causes légitimes, les suffrages ayant été recueillis et comptés en présence de Mgr l'Evêque Président et des deux membres de la Commission des Douze qui assistent aux Etats, et qui siègent autour du Bureau, le plus grand nombre des suffrages s'est trouvé, pour l'ordre Episcopal, en faveur de Mgr de Guernes, et pour celui de la Noblesse, en faveur de M. César-Mathieu Petriconi, et quant à l'ordre du Tiers-Etat il n'y a eu de ballottés que les Sieurs Ventura Benedetti et Pietri, par la raison que le choix du Député Ecclésiastique et du Député Noble étant tombé sur deux Sujets en deçà des Monts, et l'au-delà des Monts devant avoir un des trois Députés à la Cour, suivant les réponses du Roi au cahier des Etats derniers, on n'a pu admettre la ballottation des autres Provinces; la pluralité des suffrages a été en faveur de M. Benedetti.

Ainsi, Mgr de Guernes, Evêque d'Aleria, MM. Petriconi et Benedetti ont été nommés et choisis par l'Assemblée Générale, comme elle les élit et nomme pour Députés de la Nation à la Cour, à l'effet de présenter à Sa Majesté le Procès-Verbal des délibérations prises et à prendre dans la présente Assemblée, renouveler à la Personne Sacrée du Roi l'hommage du respect, de la reconnaissance et de la soumission de cette Nation, et implorer de la bonté de son cœur la continuation de toutes les grâces et des bienfaits qu'il ne cesse de répandre sur ce Peuple.

Lesquelles nominations et élections ont été acceptées par Mgr de Guernes, Evêque d'Aleria, MM. Petriconi et Benedetti avec les sentiments de la reconnaissance la plus vive, promettant de ne rien négliger pour répondre à la confiance que l'Assemblée leur témoigne, et de remplir avec zèle les commissions dont les Etats ont bien voulu les honorer.

Après quoi la Séance a été remise à après-demain, douze du courant, neuf heures du matin.

Et la présente Délibération a été signée tant par Mgr l'Evêque Président que par Mgrs de Guernes, Evêque d'Aleria, et Cittadella, Evêque du Nebbio nommé à l'Evêché de Mariana et Accia, par MM. Guidoni et Gavini, Piévans, Antoni et Cattaneo, Députés Nobles, Gavini et Calendini, Députés du Tiers-Etat.

Signé : GIUBEGA, *Greffier en Chef*.

Séance du 12 Juin 1775.

Monseigneur Doria, Evêque Président, Mgrs les Evêques et Députés ci-dessus nommés, s'étant rendus à la Salle de l'Assemblée, Mgr Doria a dit qu'un des droits précieux dont Sa Majesté a daigné distinguer cette Nation est celui de pouvoir choisir dans l'ordre de la Noblesse une Commission composée de douze Sujets qui doivent être pris parmi les Députés de l'Assemblée des Etats, lesquels, comme les représentants et les organes de la Nation, doivent résider par tour à Bastia au nombre de deux, pendant l'espace de deux mois, auprès de Nosseigneurs les Commissaires du Roi, à l'effet de remplir leurs fonctions, et jouir de l'honoraire prescrit par le Règlement du 16 Avril 1770 concernant les Assemblées Générales de Corse ;

Que des Sujets de cette Commission, quatre doivent être choisis parmi les Députés Nobles des Provinces au delà des

Monts, et huit dans ceux des Provinces en deçà des Monts ;

Que quoique MM. Pozzodiborgo, Poli et Galloni représentent le Tiers-Etat dans cette Assemblée, comme ils sont Nobles reconnus au Conseil Supérieur, ils pourront être compris dans la Commission des Douze.

Ensuite de quoi tous les Députés Nobles de la présente Assemblée, y compris les deux Membres de la Commission des Douze assistant aux Etats, ayant été successivement et séparément passés aux suffrages, après avoir recueilli et compté les voix, la pluralité des suffrages a été pour les huit Membres de la Commission, pour la partie d'en deçà des Monts, en faveur de MM. Cosme-Marie Casalta, André Antoni, Louis Belgodere de Bagnaja, Raphaël Casabianca, Antoine-Louis Poli, César-Mathieu Petriconi, Antoine Antoni et Paul-Baptiste Cattaneo ; et pour les Provinces d'en delà des Monts, de MM. Pierre-François Colonna d'Ornano, Hercule-Marie Colonna d'Istria, Jules Roccaserra et Xavier Pozzodiborgo, pour par eux jouir des droits, honneurs, prérogatives et émoluments attribués à leur charge, et remplir les devoirs qui leur sont imposés par le Règlement ci-dessus.

Lesquelles nominations et élections ont été acceptées par MM. Casalta, André Antoni, Belgodere de Bagnaja, Poli, Petriconi, Antoine Antoni, Casabianca, Cattaneo, Colonna d'Ornano, Colonna d'Istria, Roccaserra et Pozzodiborgo, avec promesse de remplir exactement les fonctions de leur ministère, en se conformant à tout ce qui leur est prescrit par le susdit Règlement.

Ensuite l'Assemblée voulant régler les mois du service que chacun de MM. les Douze doit faire à son tour, il a été arrêté que la même Commission ferait la réunion de deux Sujets par bimestre, ce qui a été réglé de la manière suivante :

M. Casalta, avec M. Antoni, de Bastia.
M. Belgodere, de Bagnaja, avec M. Colonna d'Ornano.

M. Casabianca, avec M. Colonna d'Istria.
M. Cattaneo, avec M. Pozzodiborgo.
M. Petriconi, avec M. Roccaserra.
M. Antoni, du Cap-Corse, avec M. Poli.

Après on a écrit les mois dans six billets différents ainsi qu'il suit :

Dans le premier billet, Juillet et Août 1775.
Dans le second, Septembre et Octobre 1775.
Dans le troisième, Novembre et Décembre 1775.
Dans le quatrième, Janvier et Février 1776.
Dans le cinquième, Mars et Avril 1776.
Dans le sixième, Mai et Juin 1776.

Lesquels billets contenant les mois et les noms de MM. les Membres de la Commission des Douze, ayant été fermés et tirés au sort, on en a fait lecture dans l'ordre qu'il suit :

MM. Petriconi et Roccaserra, pour les mois de Novembre et Décembre.

MM. Belgodere de Bagnaja et Colonna d'Ornano, pour les mois de Mai et Juin.

MM. Casabianca et Colonna d'Istria, pour les mois de Janvier et Février.

MM. Cattaneo et Pozzodiborgo, pour les mois de Juillet et Août.

MM. Antoni, du Cap-Corse, et Poli, pour les mois de Septembre et Octobre.

MM. Casalta et Antoni, de Bastia, pour les mois de Mars et Avril.

Et la présente Délibération a été signée tant par Mgr l'Evêque Président que par Mgr Cittadella, nommé à l'Evêché de

Mariana et Accia, et M. l'Abbé Santini, nommé à l'Evêché du Nebbio, par MM. Susini et Valentini, Piévans, par MM. Casalta et Antoni, Nobles, et par les Sieurs Mozzoli et Valentini, Députés du Tiers-Etat.

Signé : GIUBEGA, *Greffier en Chef.*

Dudit jour 12 Juin 1775

Monseigneur l'Evêque Président a dit que Nosseigneurs les Commissaires du Roi, dans la première délibération de la Séance du 20 Mai dernier, firent connaître la nécessité dans laquelle l'Assemblée se trouvait de rédiger une Instruction aux Podestats et Pères du Commun pour pourvoir au recouvrement de la première moitié de la Subvention de la cinquième année qui doit être fait au mois de Septembre prochain avec les éclaircissements qui pouvaient leur être nécessaires pour leur faciliter l'intelligence et l'exécution des Ordonnances qui doivent être expédiées en conséquence ;

Que les Etats, se reposant sur le zèle et les lumières du Comité, l'avaient chargé de s'occuper de la rédaction de ce Règlement, et que, dès qu'il serait formé, ils en entendraient le rapport avec plaisir.

Ensuite de quoi M. l'Abbé Santini a dit que pour rendre l'Instruction que le Comité a été chargé de rédiger, utile à l'objet qu'on se proposait, on a cru qu'elle devait être très détaillée.

Que rien n'est plus nécessaire que de rendre chaque Communauté et chaque Contribuable instruit de la somme qu'il doit payer, et de la raison pour laquelle il doit la payer.

Qu'à cet effet il a fallu entrer dans des détails qui développent les difficultés qu'on peut rencontrer dans le recouvrement des impositions, et qui justifient en même temps toutes les augmentations auxquelles l'Assemblée Générale a dû avoir recours pour mettre la Nation à portée de satisfaire ses charges annuelles, et qu'en conséquence le travail a été réglé de la manière suivante :

INSTRUCTION

Pour les Podestats et Pères du Commun de la Corse pour régler la perception provisionnelle de la moitié de l'imposition du premier Octobre 1773 au premier Octobre 1774, qui doit se faire au mois de Septembre prochain.

Rien ne contribue davantage à faciliter la fin d'une opération que l'intelligence de l'esprit qui l'anime et des raisons qui la dirigent. Le défaut de ces notions rend toujours difficile l'exécution de quelque objet que ce soit, mais surtout de ceux qui ne sont pas les plus familiers. Cette vérité ne s'est que trop manifestée dans toutes les opérations qui ont été ci-devant prescrites pour l'assiette et la répartition de la Subvention dans lesquelles les erreurs et les embarras n'ont été que trop communs.

L'Arrêt du trente Septembre 1774, qui prescrit une nouvelle forme moins embarrassante et plus sûre pour régler le taux et la répartition de la Subvention pour l'année du premier Octobre 1773 au premier Octobre 1774 et les années suivantes jusqu'à l'établissement du Cadastre, est clair et simple par lui-même, mais sa clarté a été rendue encore plus sensible par l'instruction dont il a été accompagné.

Si cet Arrêt eût été publié aussitôt qu'il a été rendu, la

Corse aurait été dans le cas de faire les opérations qui y sont prescrites avant le mois de Février dernier, et de payer à cette époque la moitié de l'imposition à laquelle elle se trouve taxée ; mais la publication en ayant été retardée jusqu'à présent, il en résulte aussi le retard du premier payement que Sa Majesté a remis au mois de Septembre prochain.

Le travail qui doit précéder le partage de l'imposition explicative d'icelui, n'est pas d'une exécution assez facile, pour être fait avant ledit mois de Septembre, d'où résulteraient l'interruption des payements et la réunion des différentes années d'imposition, ce qui en rendrait la perception plus difficile et s'opposerait au bien du service.

Pour éviter ce désordre, Nosseigneurs les Commissaires du Roi, dans la Session du vingt-neuf Mai dernier, annoncèrent de la part de Sa Majesté que la moitié de la somme à laquelle chaque Communauté serait taxée pour l'année du premier Octobre 1773 au premier Octobre 1774 devrait être repartie entre tous les contribuables de son territoire ; que pour régler le partage il fallait calculer ce que chaque Propriétaire a payé ou dû payer dans chacune des trois années ; savoir: du premier Octobre 1770 au premier Octobre 1773, suivant les déclarations et les augmentations faites par l'Assemblée Générale de 1773 et par celle de cette année: que du total de ces trois sommes réunies on tirerait le tiers pour former l'année commune des trois, et représenter provisoirement le taux de Subvention que chaque Propriétaire doit payer pour 1773 à 1774, et que la moitié de cette somme devrait être perçue au mois de Septembre prochain.

Comme la répartition de la Subvention ne doit plus, en conséquence de l'Article trois du susdit Arrêt, être réglée sur la déclaration des produits, mais sur la qualité et quantité des terres de chaque Propriétaire, de même la répartition et la perception réglée ci-dessus n'est que provisoire, et pour suppléer au défaut des opérations qui doivent précéder le nouveau Règlement. Que cependant, au mois de Février de l'année prochaine 1776, temps auquel on procédera à la perception de l'autre moitié de l'imposition, y ayant lieu de croire qu'à cette époque les déclarations des biens champêtres, les estimations, les vérifications et les rédactions des Rôles prescrites seront faites, on pourra connaître quelle est la véritable quote d'imposition à la charge des Propriétaires respectifs, à chacun desquels il sera tenu compte du trop ou trop peu qu'il aurait payé sur la première moitié au mois de Septembre, relativement à ses facultés, en admettant les compensations et remises nécessaires.

Pour faciliter la perception provisoire réglée pour le mois de Septembre prochain, et même pour les années suivantes ; il est indispensable de rapporter ici les raisons pour lesquelles chaque Communauté se trouve taxée pour l'année du premier Octobre 1773 au premier Octobre 1774 et pour les années suivantes, jusqu'à la confection du Cadastre, à la somme qui lui est demandée, et de prescrire les moyens qui doivent en faciliter la perception.

Le Roi pour régler l'imposition de l'année du premier Octobre 1773 au premier Octobre 1774 et des autres années suivantes, jusqu'à l'établissement du Cadastre, a ordonné par l'Article second du susdit Arrêt, que ce que chaque Communauté a payé ou dû payer pour les trois années de Subvention échues au premier Octobre 1773, tant relativement aux déclarations de ses produits qu'aux angmentations qui ont été réglées par les Assemblées générales, serait réuni en un total dont le tiers formera une année commune, et que ce montant serait le taux de l'imposition de la Communauté.

La raison pour laquelle Sa Majesté a ordonné la fixation de cette année commune plutôt sur trois années que sur les cinq qui précèdent, est parce qu'au moment où cet Arrêt a été rendu, on n'avait pas les déclarations du premier Octobre 1773 au premier Octobre 1774, et que les premières de 1769 à 1770 n'avaient pas servi à régler la Subvention qui l'avait déjà été indépendamment de ces déclarations, mais seulement à diriger la répartition de la somme que chaque Province devait payer ; d'ailleurs la répartition provisoire de cette année ayant été déclarée définitive par l'Arrêt du vingt-quatre Octobre 1772 à cause de la difficulté d'en réformer les abus, ne pouvait pas servir de règle pour la rédaction de l'année commune.

Le produit net des déclarations des trois années sur lequel on doit régler l'année commune, a donc été :

Pour l'année du premier Octobre 1770 au premier Octobre 1771, de deux cent cinq mille, trois cent quatre-vingt-quinze livres, treize sous, dix deniers ;

Pour celle de 1771 à 1772, de cent quinze mille, deux cent quatre-vingt-quatorze livres, sept sous, sept deniers ;

Pour 1772 à 1773, de quatre-vingt-sept mille, six cent neuf livres, neuf sous, deux deniers.

La modicité et l'inexactitude du produit de l'année 1771 à 1772 ont été en partie corrigées par l'Assemblée générale de 1773 à la Session du quinze Novembre, dans laquelle elle fixa une augmentation sur différentes denrées pour toutes les Provinces, excepté celle du Cap-Corse, relativement à l'infidélité plus ou moins grande qu'elles avaient apportée dans lesdites déclarations, et qui produit au total une somme de douze mille, huit cent vingt-six livres.

Si cette augmentation fut jugée nécessaire par l'Assemblée générale pour 1771 à 1772, à plus forte raison le fut-elle encore pour celle de 1772 à 1773, dans la déclaration de laquelle la réticence et le déguisement se sont plus que jamais rendus visibles : cependant les Etats de la présente année dans la Session du trente Mai, ont cru devoir rectifier les Déclarations et en réformer les abus, en fixant une augmentation pour toutes les Provinces, excepté celle du Cap-Corse, en proportion de leur inexactitude ; ce qui a produit une somme de quarante-deux mille deux cent soixante-dix-huit livres, dix-huit sous, onze deniers au-dessus du total des déclarations.

Il résulte de là que le produit des déclarations, ensemble des augmentations pour lesdites trois années, forme un total de quatre cent cinquante-neuf mille neuf cent quatre-vingt-neuf livres, dix-huit sous, neuf deniers, dont le tiers pris pour l'année commune qui doit régler l'imposition de l'année du premier Octobre 1773 au premier Octobre 1774 monte à cent cinquante-trois mille trois cent vingt-neuf livres, dix-neuf sous, sept deniers.

Cette somme cependant est beaucoup au-dessous de ce que comportent les charges annuelles de notre Nation, montant toutes ensemble à la somme de cent quatre vingt-six mille quatre cent quatre-vingt-six livres ; ainsi qu'il appert par l'état suivant :

Pour l'abonnement de la Subvention dûe au Roi, cent vingt mille livres,

Pour les honoraires des Députés aux Assemblées générales quatre mille trois cent dix livres, dix sous,

Pour l'ameublement de la Salle d'Assemblée, trois cents vingt-cinq livres,

Pour la cire, la musique et la tenture de l'Eglise de Saint-Jean, pendant les deux jours d'ouverture et de clôture des Etats, cent quatre-vingt-dix livres,

Pour gratification à la Maréchaussée, sept cent vingt livres,

Au Hérault, deux cents livres,

A l'Huissier, cent livres,

Pour l'impression du Procès-Verbal de l'Assemblée des Etats, mille livres,

Pour les honoraires des Députés aux Assemblées Provinciales, mille sept cent quatre-vingt-sept livres, dix sous,

Pour gratifications aux Subdélégués présidents les Assemblées Provinciales, mille livres,

Pour la commission des Douze, trois mille six cent livres,

Pour le Bureau de la Subvention, huit mille quatre cent livres,

Pour les Députés à la Cour, neuf mille cinq cent livres,

Pour gratifications que les Députés ont à distribuer, mille trois cent cinquante livres,

Pour supplément aux logements militaires, douze mille livres,

Pour réparations auxdits logements, trois mille livres.

Pour l'entretien des chemins, deux mille livres,

Pour dédommagement aux Propriétaires des terres prises pour les chemins, mille livres,

Pour l'impression des Instructions, Ordonnances et autres écritures, mille cinq cent livres,

Pour droit de Collecte aux Podestats et Pères du commun de deux pour cent, et d'un pour cent au Trésorier, six mille livres,

Pour dépenses et besoins extraordinaires de la Nation, huit mille cinq cent trois livres,

Pour subvenir au déficit qu'il y avait pour compléter la somme de cent quatre-vingt-six mille, quatre cent vingt-six livres, les Etats se sont trouvés dans la nécessité de fixer une augmentation de trente trois mille cent cinquante-six livres, cinq sous, à répartir sur les Provinces, les Piéves, les Communautés et tous les contribuables en proportion de la Subvention tant du produit de déclarations que de celui des augmentations, ce qui forme un accroissement de deux cent quinze livres dix sous, par mille, ou de vingt-une livres, onze sous par cent, ou enfin de quatre sous, quatre deniers par livre, ainsi celui qui en raison des déclarations et augmentations n'aurait dû payer que deux livres, devra en outre huit sous, huit deniers, ce calcul produit une augmentation de quatre-vingt cinq livres, sept sous, deux deniers ; on l'a néanmoins laissé subsister pour ne pas multiplier les fractions.

Après avoir exposé le montant des impositions auxquelles la Corse est assujettie, et les augmentations auxquelles il a fallu avoir recours, il reste à proposer les moyens de mettre la perception en activité.

Quoique, comme on a déjà dit ci-dessus, l'imposition sur chaque Communauté doive être répartie entre les différentes portions de son territoire, en distinguant les terres en trois classes, bonnes, médiocres et mauvaises, pour assigner à chaque classe une taxe proportionnelle et suffisante au complément de l'imposition, cette distinction de la qualité et quantité des terres ne pouvant être exécutée avant les opérations qui doivent nécessairement la précéder, il est à propos de continuer la perception de la moitié de l'imposition payable au mois de Septembre prochain, suivant l'Etat des déclarations et augmentations.

Pour procéder méthodiquement, et, afin que chaque contribuable sache ce qu'il doit payer et pourquoi il doit payer, les Podestats et Pères du Commun seront tenus de convoquer, du premier au dix du mois d'Août prochain, une Assemblée de tous les contribuables, et d'y faire, avant tout, lecture de l'Arrêt du Conseil du trente Septembre 1774, dont il a été parlé ci-dessus.

Après lecture faite dudit Arrêt, ils annonceront à l'Assemblée la somme à laquelle chaque Communauté se trouve taxée pour l'année 1773 à 1774 et pour les années suivantes, jusqu'à la confection du Cadastre, suivant l'état qui leur en aura été remis par M. l'Intendant ou par le Trésorier de la Province.

Pour que l'Assemblée puisse sentir la justice de la proportion de la somme à laquelle la Communauté se trouve assujettie, il y faudra faire lecture de la présente instruction.

Les Officiers Municipaux procéderont ensuite au calcul du montant des déclarations que chaque contribuable a fournies pendant les trois années du premier Octobre 1770 au premier Octobre 1773, en leur tenant compte des décharges qui pourraient leur avoir été accordées par M. l'Intendant.

Après quoi ils répartiront les augmentations fixées par l'Assemblée générale de l'année 1773 sur l'année de 1771 à 1772 et celles réglées par l'Assemblée de cette année pour la rectification de l'année 1772 à 1773, ayant égard dans cette répartition à la plus ou moins grande infidélité des déclarations.

La répartition une fois faite, on fera le calcul de ce que chaque Propriétaire ou autre contribuable a payé ou dû payer pour les trois années précédentes, tant en raison des déclarations que des augmentations qui y ont été faites, on tirera le tiers du total de ce calcul pour fixer le montant de l'imposition de l'année 1773 à 1774, à la charge de chaque contribuable, dont la moitié devra être payée au mois de Septembse prochain.

Il faudra joindre audit montant d'imposition l'augmentation réglée par les Etats de cette année pour suppléer au payement des charges nationales consistant en trente-trois mille cent cinquante-six livres, cinq deniers, ce qui accroît la contribution de quatre sous, quatre deniers par livre.

Comme désormais le taux fixe d'imposition auquel chaque contribuable sera taxé résultera de la qualité et quantité des terres dont il sera possesseur suivant les estimations, vérifications et rôles ordonnés à cet effet, la répartition proportionelle sur les déclarations et augmentations ne sera que provisoire, et pour obvier au retard de la perception de la Subvention: ainsi, au mois de Février 1776, époque à laquelle doivent être achevées les opérations prescrites par l'instruction explicative de l'Arrêt du 30 Septembre 1774, il en sera tenu compte sur la perception de la seconde moitié.

A l'égard des Communautés qui n'auraient pas tenu registre de leurs déclarations pour les années précédentes, on continuera d'y faire la perception suivant les quantités payées et les notions des Officiers Municipaux.

Lesdits Officiers Municipaux seront tenus d'avoir un Registre sur lequel ils inscriront la quote de la Subvention que chaque contribuable payera au mois de Septembre prochain, afin qu'on puisse lui en tenir compte au payement de la seconde moitié qui doit se faire au mois de Février suivant.

Ensuite les différentes opinions ayant été ouies de MM. les Députés, la matière mise en délibération, il a été arrêté que l'instruction susdite, comme celle qui embrasse tous les objets qui peuvent faciliter le recouvrement de la moitié du montant de la subvention du 1er Octobre 1773 au 1er Octobre 1774, et à faire comprendre les raisons qui ont porté le montant des charges de la Nation à la somme annoncée, serait imprimée et envoyée dans toutes les Communautés conjointement à l'ordre des payements respectifs, avec injonction aux Officiers Municipaux de s'y conformer en entier, le tout sous le bon plaisir de Nosseigneurs les Commissaires du Roi.

L'Assemblée Générale a ici renouvelé ses remercîments au Comité pour les peines et soins qu'il a dû se donner à cet égard.

Après quoi la Séance a été remise à demain, treize du courant, neuf heures du matin.

La présente Délibération a été signée tant par Mgr l'Evêque Président que par Mgrs les Evêques et Députés qui ont signé la précédente de ce jour.

Signé : GIUBEGA, *Greffier en chef.*

Séance du 13 Juin 1775.

Monseigneur Doria, Evêque Président, Mgrs les Evêques et Députés ci-devant nommés s'étant rendus à la Salle de l'Assemblée, Mgr l'Evêque Président a dit que l'Edit du Roi du 15 Août 1772 portant la Création de 4 Juntes Nationales en Corse donne à l'Assemblée Générale le droit de nommer quatre Sujets pour chacune des Juntes parmi lesquels S. M. se réserve d'en choisir deux pour remplir les deux places qui doivent vaquer chaque année ;

Que pour se conformer à ce qui a été pratiqué par l'Assemblée dernière, les Députés des différents districts des Juntes comme étant plus en état que personne d'avoir une connaissance exacte des Sujets capables de bien remplir ces places, feront choix pour chaque Junte de huit Sujets pour être proposés aux Etats qui les balotteront, et les quatre qui auront eu la pluralité des suffrages seront nommés.

Mgr l'Evêque Président a fait sentir la nécessité et l'importance de nommer des Sujets qui réunissent les qualités relatives au ministère et aux fonctions que le Roi attribue à ces nouveaux Magistrats ;

Que l'Assemblée ne peut pas donner une meilleure preuve de son zèle et de sa sagesse que par le choix des personnes capables par leurs lumières et leur prudence de faire goûter à la Nation tous les avantages qu'un établissement si précieux a pour objet de lui procurer.

Les Députés de chaque district s'étant ensuite réunis, et ayant porté leur attention sur les Sujets qui pouvaient le mieux répondre aux vues de Sa Majesté, qui sont d'établir en Corse une tranquillité parfaite et durable, et considérant qu'une des qualités requises pour être nommé Commissaire de Junte est celle d'avoir été Officier Municipal ;

Ils ont présenté pour le district de Caccia, les Sieurs Saverio Marini de Calenzana, Paul-Marie Rossi, Jean-Thomas Arrighi de Corte, Louis Larosata d'Algaiola, Joseph Flach de Calvi, Charles Grimaldi, Marc-Marie Garli et Charles Louis Giannoni de Cassano.

Pour celui d'Orezza, le Sieurs Cosme-Marie Casalta, Denis

Gavini, Paul Mattei, Jean-Victor Pietri, Ange-Louis Corsi, Antoine-Martin Calendini, Ange-Louis Petriconi et André Biguglia.

Pour celui de la Mezzana, le Sieurs Charles-Mathieu Leca, Nicolas Stefanopoli, Venture Benedetti, Jean Olivieri, François Bianchi, Alphonse Pietri, Annibale Folacci et Charles Tusoli.

Et pour celui de Tallà, les Sieurs Simon Galloni, Hercule-Marie Colonna d'Istria, Jean-Baptiste Giacobbi, Antoine-François Casanova, Antoine-Louis Poli, Marc-Antoine Ferrandi, Jules Roccaserra et Francois-Marie Tagliabo ;

Lesquels Sujets ainsi proposés ayant été successivement et séparément passés aux suffrages par le moyen de l'urne et les voix ayant été recueillies et comptées en présence de Mgr l'Evêque Président et des deux Membres de la Commission des Douze résidant à Bastia; et assis au Bureau, la pluralité des voix a été :

Pour la Junte de Caccia, en faveur de MM. Xavier Marini, Paul Marie-Rossi, Louis Larosata et Joseph Flach ;

Pour celle d'Orezza en faveur de MM. Cosme-Marie Casalta, Denis Gavini, Ange-Louis Corsi et André Biguglia.

Pour celle de la Mezzana en faveur de MM. Nicolas Stefanopoli, François Bianchi, Alfonse Pietri et Annibal Folacci ;

Pour celle de Tallà, en faveur de MM. Hercule-Marie Colonna d'Istria, Jean-Baptiste Giacobbi, Simon Galloni et Marc-Antoine Ferrandi.

Et la présente Délibération a été signée tant par Mgr l'Evêque Président, que par Mgrs de Guernes, Evêque d'Aleria, et Cittadella, Evêque du Nebbio, nommé à l'Evêché de Mariana et Accia, par MM. Quilici et Meglia, Piévans, Costa, et Belgodere de Bagnaja, Nobles, Pozzodiborgo et Pietri, Députés du Tiers-Etat.

Signé : GIUBEGA, *Greffier en Chef.*

Dudit jour 13 Juin 1775

Monseigneur l'Evêque Président a dit que dans la première délibération de la Séance du huit, l'Assemblée générale trouvant justes les représentations réitérées de la Piève de Rostino qui demandait une décharge au sujet de l'erreur qui s'est glissée dans les déclarations de ses châtaignes, s'est déterminée à la décharger pour les trois années de 1770 à 1773 de la somme de quatre mille cinq cent livres, y compris les mille six cent quatre-vingt-quatre livres, dix-huit sous et dix deniers, dont M. l'Intendant s'était proposé de la décharger ;

Que, dans la Séance du neuf de ce mois, il a été arrêté que cette déduction ne serait pas absolue, mais qu'elle resterait à la charge de la Province de Bastia en la répartissant sur les autres Pièves et Communautés de son district, non compris la Piève de Rostino en proportion de l'augmentation des six mille livres ;

Que le Comité ayant été chargé de cette répartition, il serait bon qu'elle fût terminée pour éviter tous les embarras qu'on pourrait rencontrer dans la confection des Rôles du payement.

Ensuite de quoi, M. l'Abbé Santini, nommé à l'Evêché du Nebbio, a dit que le Comité s'étant occupé à la répartition de deux mille huit cent quinze livres, un sou et deux deniers avec la proportion ci-dessus énoncée, on a trouvé qu'elle doit être réglée de la manière suivante :

LA PIÈVE DE BASTIA, qui avait été taxée à la somme de huit cent cinquante livres, sera augmentée de la somme de trois cent quatre-vingt-dix-huit livres et treize sous, ce qui forme un total de . . . . 1,248. 13. —

La Communauté de Bastia qui avait été taxée à deux cent cinquante livres sera augmentée de cent dix-sept livres, cinq sous, ce qui fera un total de . . . . 367. 5. —

La Communauté de Cardo qui avait été taxée à cent livres, sera augmentée de quarante-six livres, dix-huit sous, ce qui forme un total de . . . . 146. 18. —

La Communauté de Pietrabugno qui avait été taxée à deux cent vingt-cinq livres, sera augmentée de cent cinq livres, dix sous, six deniers ce qui forme un total de . . . . 330. 10. 6.

La Communauté de S. Martino qui avait été taxée à cent soixante-quinze livres, sera augmentée de quatre-vingt-deux livres, un sou, six deniers, ce qui monte en total à 257. 1. 6.

La Communauté de Santa Maria di Lota qui avait été taxée à cent livres, sera augmentée de quarante-six livres, dix-huit sous, ce qui forme un total de . . . . . 146. 18. —

LA PIÉVE D'ORTO, qui avait été taxée à deux cent quatre-vingt livres, sera augmentée de cent trente une livres, six sous, quatre deniers, ce qui monte en total à . . . 411. 6. 4.

Savoir :

La Communauté de Biguglia qui avait été taxée à cent soixante livres, sera augmen-

tée de soixante-quinze livres, huit deniers,
ce qui forme un total de. . . . . . 235. — 8.

La Communauté de Furiani qui avait été taxée à cent vingt livres, sera augmentée de cinquante-six livres, cinq sous, huit deniers, ce qui forme un total de . . . 176. 5. 8.

La Piève de Bigorno, qui avait été taxée à trois cent quarante livres, sera augmentée de cent cinquante-neuf livres, neuf sous, deux deniers, ce qui monte en total à . 499: 9. 2.

Savoir :

La Communauté de Campitello qui avait été taxée à soixante livres, sera augmentée de vingt-huit livres, deux sous, neuf deniers, ce qui monte en total à . . . . . . 88. 2. 9.

La Communauté di Bigorno, qui avait été taxée à cinquante livres, sera augmentée de vingt-trois livres, neuf sous, ce qui monte en total à . . . . 73. 9. —

La Communauté de Volpajola taxée à soixante-dix livres, sera augmentée de trente-deux livres, seize sous, huit deniers, ce qui monte en total à . . . . . . 102. 16. 8.

La Communauté de Lento, taxée à cent livres, sera augmentée de quarante-six livres, dix-huit sous, ce qui monte en total à. . . . . 146. 18. —

La Communauté de Scolca, taxée à soixante livres sera augmentée de vingt-huit livres, deux sous, neuf deniers, ce qui monte en total à . . . . 88. 2. 9.

La Piève de Mariana, qui avait été taxée à huit cent livres, sera augmentée de trois cent soixante-quinze livres, quatre sous, ce qui monte en total à . . . . . . 1,175. 4. —

Savoir :

La Communauté de Borgo, qui avait été taxée à quatre cent livres, sera augmentée de cent quatre-vingt-sept livres, douze sous, ce qui monte en total à . . . . 587, 12. —
La Communauté de Vignale, taxée à cent vingt-cinq livres, sera augmentée de cinquante-huit livres, douze sous, six deniers, ce qui monte en total à . . . . 183. 12. 6.
La Communauté de Lucciana taxée à deux-cent soixante-quinze livres, sera augmentée de cent vingt-huit livres, dix-neuf sous, six deniers, ce qui monte en total à . . 403. 19. 6.

La Piève de Caccia, qui avait été taxée à deux-cent cinquante livres, sera augmentée de cent dix-sept livres, cinq sous, ce qui monte en total à . . . . 367. 5. —

Savoir :

La Communauté d'Asco, qui avait été taxée à soixante-dix livres, sera augmentée de trente-deux livres, seize sous, neuf deniers, ce qui monte en total à . . . . 102. 16. 9.

La Communauté de Canavaggia, taxée à soixante livres, sera augmentée de vingt-huit livres, deux sous, neuf deniers, ce qui monte en total à . . . . 88. 2. 9.

La Communauté de Castisfao, taxée à soixante livres, sera augmentée de vingt-huit livres, deux sous, neuf deniers, ce qui monte en total à . . . . 88. 2. 9.

La Communauté de Moltifao, qui avait été taxée à soixante livres, sera augmentée de vingt-huit livres, deux sous, neuf deniers, ce qui monte en total à . . . . 88. 2. 9.

La Piève de Canale, qui avait été taxée à cent quatre-vingt livres, sera augmentée de quatre-vingt-quatre livres, huit sous, quatre deniers, ce qui monte en total à . 264. 8. 4.

Savoir :

La Communauté de Pietralba, qui avait été taxée à soixante-cinq livres, sera augmentée de trente livres, neuf sous, huit deniers, ce qui monte en total à . . . . 95. 9. 8.

La Communauté d'Urtaca, taxée à cinquante livres, sera augmentée de vingt-trois livres, neuf sous, ce qui monte en total à . . 73. 9. —

La Communauté de Lama, taxée à soixante-cinq livres, sera augmentée de trente livres, neuf sous, huit deniers, ce qui monte en total à . . . . 95. 9. 8.

La Piève de Tavagna, taxée à cinq cents livres, sera augmentée de deux cent trente-quatre livres, dix sous, ce qui monte en total à . . . . 273. 19. —

Savoir :

La Communauté de Taglio et Isolaccio, qui avait été taxée à cent livres, sera augmentée de quarante-six livres, dix-huit sous, ce qui monte en total à . . . . . . 146. 18. —

La Communauté de Talasani, qui avait été taxée à cent livres, sera augmentée de quarante-six livres, dix-huit sous, ce qui monte en total à . . . . 146. 18. —

La Communauté de Pero et Casevecchie, qui avait été taxée à cent livres, sera augmentée de quarante-six livres, dix-huit sous, ce qui monte en total à . . . . 146. 18. —

La Communauté de Velone, Orneto et Carbonaccia, qui avait été taxée à quatre-vingt-dix livres, sera augmentée de quarante-deux livres, quatre sous, deux deniers, ce qui monte en total à . . . . 132. 4. 2.

La Communauté de Renoso, Poggio et Mezzana, qui avait été taxée à quatre-vingt-dix livres, sera augmentée de quarante-deux livres, quatre sous, deux deniers, ce qui monte en total à . . . . 132. 4. 2.

La Communauté de Fiuminale, qui avait été taxée à vingt livres, sera augmentée de neuf livres, sept sous, huit deniers, ce qui monte en total à . . . . 29. 7. 8.

La Piève de Moriani, qui avait été taxée à cinq cents livres, sera augmentée de deux cent trente-quatre livres, dix sous, ce qui monte en total à . . . . 734. 10. —

Savoir :

La Communauté de Poggio, qui avait été taxée à cent-vingt livres, sera augmentée de cinquante-six livres, cinq sous, sept deniers, ce qui monte en total à . . . . 176. 5. 7.

La Communauté de S. Nicolao, qui avait été taxée à soixante-quinze livres, sera augmentée de trente-cinq livres, trois sous, six deniers, ce qui monte en total à . . 110. 3. 6.

La Communauté de S. Giovanni, qui avait été taxée à cent-trente livres, sera augmentée de soixante livres, dix-neuf sous, cinq deniers, ce qui monte en total à. . 190. 19. 5.

La Communauté de Santa Reparata, qui avait été taxée à cent livres, sera augmentée de quarante-six livres, dix-huit sous, ce qui monte en total à . . . . 146. 18. —
La Communauté de S. Lucia, qui avait été taxée à soixante-quinze livres, sera augmentée de trente-cinq livres, trois sous, six deniers, ce qui monte en total à . . 110. 3. 6.

LA PIÈVE D'AMPUGNANI, qui avait été taxée à trois cent cinquante livres, sera augmentée de cent soixante-quatre livres, trois sous, ce qui monte en total à . . 514. 3. —

Savoir:

La Communauté de Casabianca, qui avait été taxée à vingt livres, sera augmentée de neuf livres, sept sous, sept deniers, ce qui monte en total à . . . . 29. 7. 7.
La Communauté de Ficaja, qui avait été taxée à soixante-dix livres, sera augmentée de trente-deux livres, seize sous, sept deniers, ce qui monte en total à . . . 102. 16. 7.
De Quarcitello, qui avait été taxée à trente livres, sera augmentée de quatorze livres, un sou, quatre deniers, ce qui monte en total à . . . . 44. 1. 4.
De la Croce, qui avait été taxée à quarante livres, sera augmentée de dix-huit livres,

quinze sous, deux deniers, ce qui monte en total à . . . . 58. 15. 2.

De la Porta, qui avait été taxée à soixante livres, sera augmentée de vingt-huit livres, deux sous, neuf deniers, ce qui monte en total à . . . . 88. 2. 9.

De Silvareccio, qui avait été taxée à vingt livres, sera augmentée de neuf livres, sept sous, sept deniers, ce qui monte en total à . . . . 2). 7. 7.

De San Cosmo et Damiano, qui avait été taxée à cinquante livres, sera augmentée de vingt-trois livres, neuf sous, quatre deniers, ce qui monte en total à . . . 73. 9. 4.

De Scata, qui avait été taxée à trente livres, sera augmentée de quatorze livres, un sou, quatre deniers, ce qui monte en total à . . . . 44. 1. 4.

De Pruno, taxée en trente livres, sera augmentée de quatorze livres, un sou, quatre deniers, ce qui montera en total à . . 44. 1. 4.

LA PIÈVE DE CASINCA, qui avait été taxée de mille livres, sera augmentée de quatre cent soixante-neuf livres, ce qui monte en total à . . . . 1,469. — —

Savoir :

La Communauté de la Penta, qui avait été taxée de cent quatre-vingt livres, sera aug-

mentée de quatre-vingt-quatre livres, huit
sous, quatre deniers, ce qui monte en total à. . . . . 264. 8. 4.
De Pori, qui avait été taxée à quatre-vingt-
dix livres, sera augmentée de quarante-
deux livres, quatre sous, deux deniers,
ce qui monte en total à. . . . . . 132. 4. 2.
De Castellare, qui avait été taxée à cent-
dix livres, sera augmentée de cinquante-
une livres, onze sous, neuf deniers, ce
qui monte en total à. . . . . . . 161. 11. 9.
De Ocagnano et Sorbo, qui avait été taxée
à cent dix livres, sera augmentée de cin-
quante-une livres, onze sous, neuf deniers,
ce qui monte en total à . . . . . . 161. 11. 9.
D'Oreto, qui avait été taxée à cent quatre-
vingt livres, sera augmentée à quatre-
vingt-quatre livres, huit sous, quatre deniers ce qui monte en total à . . . . 264. 8. 4.
De Vescovato, qui avait été taxée à cent
soixante-dix livres sera augmentée de soixante-dix-neuf livres, quatorze sous, sept
deniers, ce qui monte en total à . . . 249. 14. 7.
De la Venzolasca, qui avait été taxée à cent
soixante livres, sera augmentée de soixante-quinze livres, huit deniers, ce qui
monte en total à . . . . 235. — 8.

La Piève d'Orezza, qui avait été taxée à
quatre cents livres sera augmentée de cent

quatre-vingt livres, douze sous, ce qui
monte en total à . . . . 587. 12. —

Savoir :

La Communauté de Carcheto, qui avait été
taxée à vingt livres, sera augmentée de
neuf livres, sept sous, sept deniers, ce
qui monte en total à. . . . . 29. 7. 7.
De Brustico, qui avait été taxée à vingt liv.,
sera augmentée de neuf livres, sept sous,
sept deniers, ce qui monte en total à. . 29. 7. 7.
Di Carpineto, qui avait été taxée à trente
livres, sera augmentée de quatorze livres,
un sou, quatre deniers, ce qui monte en
total à . . . . 44. 1. 4.
De la Campana, qui avait été taxée à vingt-
cinq livres, sera augmenté de onze livres,
quatorze sous, six deniers, ce qui monte
en total à . . . . 36. 14. 6.
De Nocario, Erbaggio et Celle, qui avait été
taxée à vingt livres, sera augmentée de
neuf livres, sept sous, sept deniers, ce qui
monte en total à . . . . 29. 7. 7.
De Piedicroce et Fontana, qui avait été
taxée à cinquante livres, sera augmentée
de vingt-trois livres, neuf sous, ce qui
monte en total à . . . . 73. 9. —
De Stazzona, qui avait été taxée à vingt-
cinq livres, sera augmentée de onze liv.,
quatorze sous, six deniers, ce qui monte
en total à . . . . 36. 14. 6.
De Pastoreccia, qui avait été taxée à dix liv.,

sera augmentée de quatre livres, treize sous, neuf deniers, ce qui monte en total à	14.	13.	9.
De Piè d'Orezza et Campodonico, qui avait été taxée à trente livres, sera augmentée de quatorze livres, un sou, quatre deniers, ce qui monte en total à	44.	1.	4.
De Piè de Partino, qui avait été taxée à trente livres, sera augmentée de quatorze livres, un sou, quatre deniers, ce qui monte en total à	44.	1.	4.
De la Parata, qui avait été taxée à vingt liv., sera augmentée de neuf livres, sept sous, sept deniers, ce qui monte en total à. .	29.	7.	7.
De la Monacia, qui avait été taxée à trente livres, sera augmentée de quatorze livres, un sou, quatre deniers, ce qui monte en total à	44.	1.	4.
De la Piazzola, qui avait été taxée à trente livres, sera augmentée de quatorze livres, un sou, quatre deniers, ce qui monte en total à	44.	1.	4.
De Rapaggio, qui avait été taxée à quinze livres, sera augmentée de sept livres, huit deniers, ce qui monte en total à . . .	22.	—	8.
De la Valle, qui avait été taxée à trente liv., sera augmentée de quatorze livres, un sou, quatre deniers, ce qui monte en total à.	45.	1.	4.
De Verdese, qui avait été taxée à quinze liv., sera augmentée de sept livres, huit deniers, ce qui monte en total à . . .	22.	—	8.

La Piève de Casacconi, qui avait été taxée à cinq cent cinquante livres, sera augmentée de deux cent cinquante-sept livres, dix-neuf sous, ce qui monte en total à . . 807. 19. —

Savoir :

La Communauté d'Olmi et Prunelli, qui avait été taxée à cent trente livres, sera augmentée de soixante livres, dix-neuf sous, six deniers, ce qui monte en total à. 190. 19. 6.
De Campile, qui avait été taxée à quatre-vingt-cinq liv., sera augmentée de trente-neuf livres, dix-sept sous, trois deniers, ce qui monte en total à . . . . . . 124. 17. 3.
D'Ortiporio, qui avait été taxée à quatre-vingt-cinq livres, dix-sept sous, trois deniers ce qui monte en total à . . . . 124. 17. 3.
De la Crocicchia, qui avait été taxée à soixante livres, sera augmentée de vingt-huit livres, deux sous, neuf deniers, ce qui monte en total à . . . . 88. 2. 9.
De Acquatella et Penta, qui avait été taxée à soixante livres, sera augmentée de vingt-huit livres, deux sous, neuf deniers, ce qui monte en total à . . . . 88. 2. 9.
De San Salvatore, qui avait été taxée à cent trente livres, sera augmentée de soixante livres, dix-neuf sous, six deniers, ce qui monte en total à ., ... 190. 19. 6.

Sur quoi la matière mise en délibération, l'Assemblée générale a arrêté que la répartition proposée par le Comité sera entièrement exécutée.

Après quoi la Séance a été renvoyée à demain, 14 du courant, 9 heures du matin.

La présente Délibération a été signée tant par Mgr l'Evêque Président que par les autres Seigneurs Evêques et Députés qui ont signé les précédentes de ce jour.

Séance du 14 Juin 1775.

Monseigneur l'Evêque Président, Mgrs les Evêques et MM. les Députés s'étant rendus à la Salle de l'Assemblée, Mgr l'Evêque Président a dit que le Sieur Gautier, Trésorier-Général de la Nation, a fait remettre sur le Bureau des Etats les comptes de son administration pour mettre l'Assemblée à portée de connaître quelle a été la recette et la dépense de la Subvention des deux vingtièmes du produit et des autres impositions accessoires, conformément à ce qui est prescrit par l'Arrêt du Conseil d'Etat du 24 Octobre 1772 concernant la Subvention ;

Que ces Etats contiennent le total du produit des deux vingtièmes, les payements qui ont été faits depuis l'année du premier Octobre 1769, jusqu'au 25 du mois de Mai dernier, et ceux qui restent à faire, qu'on y a également compris toutes les avances qui ont été faites par la Caisse Civile pour satisfaire aux charges de la Nation.

Mgr l'Evêque Président a ajouté que tous ces calculs ont besoin d'un examen particulier ; que pour agir avec précaution dans un objet aussi intéressant il croirait nécessaire de charger trois ou quatre des Députés de l'Assemblée, capables d'une pareille opération, afin qu'on puisse prendre ensuite les déterminations les plus convenables aux besoins et à l'utilité de la Nation.

Après quoi la matière mise en délibération, il a été arrêté que Mgr de Guernes, MM. Antoni, Petriconi, Folacci, Cattaneo et Rigo s'occuperaient à la discussion de tous les états, notes et calculs présentés par le Sieur Gautier, pour rapporter à l'Assemblée dans la Séance de Samedi prochain le resultat de leur travail.

La présente Délibération a été signée tant par Mgr l'Evêque Président, que par Mgrs Guasco, Evêque de Sagone, Santini, nommé à l'Evêché du Nebbio, MM. Poletti et Tiberi, Piévans, Corsi et Casabianca, Députés Nobles, Galloni et Tusoli, Députés du Tiers Etat.

Signé : GIUBEGA, *Greffier en Chef.*

Dudit jour 14 Juin 1775.

Nosseigneurs les Commissaires du Roi ont dit que les Provinces et les Piéves avaient formé plusieurs demandes particulières sur lesquelles Sa Majesté avait prononcé, ainsi qu'ils allaient l'annoncer à l'Assemblée générale.

La Province de Balagne a demandé qu'il plût au Roi de faire repartir dans les Piéves les deux cents livres qui ont été promises pour doter une fille dans chacune des Piéves à l'occasion du mariage de Sa Majesté ;

Nosseigneurs les Commissaires du Roi ont dit que la promesse de ce don avait été annoncée à la Nation en mil sept cent soixante-dix, et que depuis il n'y avait eu que deux Piéves qui en avait profité, que le peu d'empressement que la

Nation avait témoigné avait donné lieu de croire qu'elle ne sentait pas le prix de ce bienfait ; qu'en conséquence Sa Majesté avait ordonné d'en faire l'application à la Colonie des Porrettes, où elle a fait doter plusieurs filles, qu'elle voulait bien consentir que cela ne soit point compté à la Nation, et que chacune des Pièves qui n'y ont point encore participé reçût la somme de deux cents livres pour doter une fille, sous la condition que le premier enfant qui naîtrait de chaque mariage porterait le nom du Roi et de la Reine en reconnaissance de ce bienfait ; qu'en surplus c'est à M. l'Intendant que les Pièves qui voudront en jouir devront s'adresser.

La Pième de Bastia demande qu'il plaise au Roi d'attribuer à l'Hôpital de Bastia une portion des amendes prononcées par les Officiers de Police dans leurs fonctions.

Nosseigneurs les Commissaires du Roi ont dit que, quoique Sa Majesté fasse des frais considérables pour l'entretien et la nourriture des enfants trouvés, notamment depuis l'Arrêt du onze Avril mil sept cent soixante-quatorze, qui a presque doublé la dépense, et qui a absorbé dix fois au-delà de ce que les amendes de Justice et de Police peuvent produire, le Roi veut bien prendre en considération la demande faite par l'Hôpital de Bastia, et sur le mémoire qui sera remis aux Commissaires de Sa Majesté de la nature des ressources et des besoins dudit Hôpital, elle pourra ajouter à la dotation quelque affectation sur les amendes de Police ;

Qu'il fallait donc que les Officiers Municipaux de Bastia et les Administrateurs dudit Hôpital remissent incessamment le mémoire que Sa Majesté demandait pour lui être rendu compte et recevoir ses ordres.

La Province de Calvi a demandé qu'il plaise au Roi d'accorder aux familles Nobles de Corse, dont les biens ont été dévastés durant les troubles, quelques moyens de les remettre en valeur.

Nosseigneurs les Commissaires du Roi ont dit que cette demande ne tombait sur aucun objet spécial et n'indiquant aucune famille en particulier, il ne pouvait être répondu qu'en termes généraux ;

Que le Gouvernement est disposé à favoriser la plantation des mûriers, l'éducation des vers à soie, la culture des oliviers, la fabrication de l'huile qu'il désire de voir se perfectionner en Corse, la manière de cultiver la vigne et de faire le vin; qu'il voudrait faire proposer la plantation du tabac; qu'il entretient pour cela un Inspecteur d'Agriculture qui fait journellement des essais, dont plusieurs ont été heureux.

Nosseigneurs les Commissaires du Roi ont ajouté qu'ils avaient ordre de mettre sous les yeux de l'Assemblée les mémoires et observations de l'Inspecteur d'Agriculture sur tous les essais faits en ce genre, et qu'en conséquence ils les présenteraient, ainsi qu'une copie de la lettre de cet Inspecteur sur les succès qu'avait eue la plantation des patates, de riz de plusieurs espèces et de graines étrangères envoyées par les ordres du Roi en Corse, que d'après l'examen du tout, l'Assemblée pourrait former telles demandes qu'elle jugerait à propos, et que si elles tombaient sur des faits précis, et qu'elles présentassent des moyens praticables, Sa Majesté daignait promettre qu'elles seraient prises en particulière considération.

La même Province de Calvi demande pour la Piève de Montemaggiore quelque moyen de faire construire une fontaine à défaut de laquelle elle est exposée à manquer d'eau dans certaines saisons de l'année, et particulièrement d'employer à cette dépense ce qui peut lui revenir de la Subvention de la seconde et de la troisième année.

Nosseigneurs les Commissaires du Roi ont dit que ce qui avait été payé de trop pour ces deux années ne devait pas avoir autre destination que celle d'être imputé sur des années suivantes ;

Que si la Communauté de Montemaggiore avait besoin de

bâtir une fontaine, elle devait se conformer à ce qui a été prescrit par l'article 16 de l'Edit du mois de Mai mil sept cent soixante-onze concernant l'Administration Municipale.

La Piève d'Ajaccio a demandé que la Ville d'Ajaccio fût autorisée à accorder des appointements de trois cent livres par an à son Greffier.

Nosseigneurs les Commissaires du Roi ont dit que c'était à M. l'Intendant à juger de l'utilité et possibilité d'une pareille dépense, qu'il fallait s'y pourvoir à l'effet de l'autoriser en tout ou en partie comme il le jugerait convenable.

L'Assemblée générale du mois de Novembre mil sept cent soixante-treize a demandé dans la Séance du treize qu'il plût au Roi de réduire toutes les mesures en une seule.

Cette demande est relative à celle de la Piève de Bozio, tendante à ce que le Bachin fut le même que celui de Bastia, qu'il fût marqué en dehors et sur le fond, et que tout autre fût reputé faux.

Nosseigneurs les Commissaires du Roi ont dit que Sa Majesté permettait que l'Assemblée délibérât sur cet objet, et demandait qu'elle le traitât avec toute attention ; que les poids et mesures devaient être uniformes, que celle des grains ne pouvait être autre que le boisseau de Paris, composé de seize litrons, et chaque litron de trente-six pouces cubes, mesure du Roi ;

Que quant à la mesure des terres, c'était déjà un objet réglé par l'article 22 de l'Edit du mois d'Avril mil sept cent soixante-dix qui ordonne leur mesurage en arpents à cent perches carrées de superficie, de quarante mille pieds carrés par arpent ; que, comme il sera rendu une délibération pour fixer l'arpentage général de l'Ile de Corse, Sa Majesté déterminera les règles les plus sûres et les plus simples pour amener les Propriétaires des terres par leur propre intérêt à n'avoir que cette même mesure pour déterminer l'étendue de leurs possessions ;

Qu'au surplus, comme les Députés de la Nation avaient représenté qu'il pourrait lui être agréable de conserver la dénomination de mezinade à laquelle elle est accoutumée, que si l'Assemblée, après en avoir délibéré, préferait le terme de mezinade à celui d'arpent, et si elle en donnait des raisons plausibles, la demande qu'elle en ferait ne rencontrerait point de difficulté, pourvu que l'on conservât à la mezinade les mêmes dimensions et subdivisions que l'arpent.

L'Assemblée générale de mil sept cent soixante-treize dans sa Séance du vingt-sept Novembre a désiré qu'il fût pris des mesures pour la conservation des Archives de Bastia.

Nosseigneurs les Commissaires du Roi ont dit que Sa Majesté avait en conséquence fait rendre en son Conseil, le onze Janvier dernier, un Arrêt dont ils remettaient un exemplaire sur le Bureau des Etats, par lequel Sa Majesté en accordant cette demande, et en réglant les dispositions les plus propres à en rendre l'utilité sensible, a bien voulu encore prendre à son compte la moitié des frais et appointements nécessaires pour la construction et conservation des Archives.

L'Assemblée générale de mil sept cent soixante-treize a encore demandé que les Procès-verbaux des Assemblées des Etats fussent imprimés à leurs frais, afin de rendre notoires les décisions qu'ils contiennent, et prévenir le retour des demandes sur lesquelles il a été déjà statué.

Nosseigneurs les Commissaires du Roi ont dit que Sa Majesté avait bien voulu permettre cette impression sous leur inspection et approbation ;

Que le Procès-verbal de mil sept cent soixante-treize était déjà imprimé, et qu'ils en avaient fait passer les exemplaires aux Députés des Douze pour les distribuer ;

Que celui de l'Assemblée de mil sept cent soixante-douze allait l'être, et que successivement celui de la présente Assemblée le serait également, après toutefois que le cahier en aura été présenté et qu'il y aura été répondu.

La Province du Cap-Corse a demandé la liberté des Corses esclaves en Barbarie, pris sur des bâtiments nationaux avant la soumission de la Corse à Sa Majesté.

Nosseigneurs les Commissaires du Roi ont dit que, quoique la Province du Cap Corse n'ait pas été fondée à former cette demande, elle avait cependant été prévenue par Sa Majesté.

La Piève de Saint-Florent a demandé qu'il fût mis dans la Ville de Saint-Florent une garnison assez nombreuse pour faciliter la vente et la consommation des denrées dont la Province abondait.

Nosseigneurs les Commissaires du Roi ont dit que, lorsque la Piève serait en état de recevoir et de loger convenablement les Troupes, et qu'elle aurait exécuté les travaux qui doivent en purger l'air, Sa Majesté pourrait prendre alors sa demande en considération.

La même Piève de Saint-Florent a demandé qu'il plût à Sa Majesté d'accueillir la demande que la Ville de Saint-Florent a formée différentes fois pour être maintenue dans la jouissance de ses privilèges.

Nosseigneurs les Commissaires du Roi ont dit qu'il n'existait de privilèges que ceux dont il plairait à Sa Majesté de gratifier ceux qui s'en seront rendus dignes.

La Piève de Bonifacio a demandé que cette Ville fût remise dans la paisible possession et jouissance de tous les territoires qui lui appartiennent, et qui ont été usurpés pendant les troubles par les Communautés d'Aullène, Zerubia, Levie et autres.

Nosseigneurs les Commissaires du Roi ont dit que cette demande devait être portée en Justice réglée, après néanmoins que la Communauté aura été dûment autorisée à la former par M. l'Intendant à qui elle devait se pourvoir à cet effet.

La Communauté de Levie, Piève de Carbini, Province de Sartene, a demandé et autorisé ses Procureurs à demander de rendre communes les plages de Figari et d'en détruire les enclos et les vignes.

Les Députés de la Piève et ceux de la Province considérant le grand désavantage qui en résulterait ont supplié unanimement Mgrs les Commissaires du Roi de ne faire aucun cas de cette demande, et de la regarder comme non avenue.

Nosseigneurs les Commissaires du Roi ont dit que non seulement cette demande était rejetée, mais que le Gouvernement veillerait au contraire, autant qu'il serait possible, à favoriser les clôtures et à détruire le parcours.

Sur quoi la matière mise en délibération, l'Assemblée générale, après avoir ouï avec toute soumission les réponses du Roi, elle a arrêté que pour profiter des dispositions favorables que Sa Majesté démontre pour l'augmentation de l'agriculture en Corse, de laquelle dépend son bonheur, le Comité, où M. l'Abbé Santini, nommé à l'Evêché du Nebbio, préside, s'occupera à suggérer les moyens les plus faciles et les plus efficaces à employer pour exciter la plantation des mûriers, des oliviers, de la vigne et des autres arbres et semences qui peuvent mieux convenir au climat et au sol de cette Ile, en portant les refléxions sur les mémoires fournis par l'Inspecteur d'agriculture, pour voir s'ils méritent d'être adoptés, et si on peut en espérer une prompte et avantageuse réussite ; que sur cet article le Comité consultera les personnes qui par leur travail et leur expérience peuvent fournir des lumières capables d'encourager la culture ; que la Délégation s'occupera aussi de l'objet des mesures pour les réduire autant qu'il est possible à une manière simple, uniforme et approchante aux mesures de France, pour mettre ensuite l'Assemblée générale en état de prendre en connaissance de cause les délibérations les plus convenables.

La présente Délibération a été signée tant par Nosseigneurs les Commissaires du Roi que par Mgrs les Evêques et Députés qui ont signé les précédentes de ce jour.

Dudit jour 14 Juin 1775

Nosseigneurs les Commissaires du Roi ont dit que, dans la Séance du 31 Mai dernier, ils avaient annoncé à l'Assemblée générale que Sa Majesté, relativement à l'article 4 de l'Arrêt de son Conseil du 30 Septembre dernier, ayant bien voulu faire remise à la Nation de tout ce qui avait été payé jusqu'au premier Octobre 1774 pour les réparations faites aux maisons et bâtiments occupés par les Troupes, ou pour le service de Sa Majesté, ils remettaient sur le Bureau de l'Assemblée les états de ce qui avait été payé pour ces réparations tant par la Caisse Civile que par la Caisse Militaire, et dont l'objet réuni était de 30,663 livres, 3 sous et 7 deniers;

Que lorsqu'ils ont remis ces états, le compte du Trésorier de la Nation n'était point encore rédigé, et que par conséquent ils étaient dans la persuasion que la Caisse Civile avait remboursé les sommes avancées à ce sujet par la Caisse Militaire ; mais qu'ils venaient de connaître que ce remboursement n'avait point eu lieu ; qu'en conséquence la Caisse Militaire avait encore à répéter le montant de ses avances;

Qu'ainsi les dispositions de l'Arrêt du 30 Septembre 1774, conforme aux décisions de Sa Majesté sur les demandes de l'Assemblée générale de 1773, portant que la remise que le Roi daignait faire à la Nation avait pour objet tout ce qui aurait été payé des deniers de la Caisse Civile jusqu'au premier Octobre 1774, pour les réparations des logements militaires, il en résultait que tout ce qui avait été payé par une autre Caisse, ou de telle autre manière que ce fut, ne faisait plus partie de ladite remise, et devait par conséquent être remboursé par la Nation sur le produit de l'imposition des maisons et les bénéfices de l'abonnement de la Subvention ;

Qu'en rectifiant donc ce qu'ils avaient annoncé, le 31 Mai dernier, ils déclaraient à l'Assemblée que la remise faite par le Roi se réduisait à la somme de dix-huit mille quatre-vingt-dix-sept livres, un sou et un denier, payés des deniers de la Caisse Civile pour réparations aux Logements Militaires, jusqu'au premier Octobre 1774 ;

Que la Nation demeurait chargée et débitrice des sommes suivantes :

Savoir :

De celle de . . . . 12,566. 2. 6.
avancée par la Caisse Militaire, suivant l'état qu'en a produit le Trésorier, et qui a été remis à l'Assemblé générale.

De celle de. . . . . 6,000.
avancée par le Régiment de Bourbonnais, pour les réparations faites aux Quartiers qu'il occupe à Bastia.

D'environ . . . . 2,000.
repétée par le Sieur Bertrand, architecte, pour solde des mêmes réparations, lesquelles ont été faites sur un procès-verbal dressé contradictoirement en Septembre mil sept cent soixante-treize en présence des Députés des Douze, des Propriétaires et des Officiers Principaux des Régiments.

De celle de. . . . . 9,000.
avancées par M. Meunier, Major du Régiment de la Fère, pour les réparations des Maisons occupées par ledit Régiment à Calvi et à Algajola.

De celle de . . . . 3,000.

dûe au Sieur Flach, Entrepreneur, pour solde des mêmes réparations qui avaient été reconnues et constatées avec les mêmes formalités.

De celle de . . . . 683. 10.
pour les réparations ordonnées par M. de Pradine, au mois d'Août mil sept cent soixante-quatorze, aux Logements occupés par les Troupes à Vico, et dont l'avance a été faite par le Sieur Ponte.

Enfin d'environ . . . . 7,000.
pour pareilles réparations faites aux Logements des Troupes à Corte, Saint-Florent, Vescovato, Cervione et autres quartiers, mais dont l'objet n'est pas encore liquidé.

Que toutes ces sommes forment un total de. 40,249. 12. 6.
que l'Assemblée doit comprendre dans le nombre des charges qu'elle a à acquitter sur les bénéfices de la Subvention des quatre années échues au premier Octobre mil sept cent soixante-treize, et sur le produit de l'imposition des maisons jusqu'au premier Octobre mil sept cent soixante-quatorze.

Sur quoi la matière mise en délibération, l'Assemblée générale a respectueusement représenté à Nosseigneurs les Commissaires du Roi que, quoique la Nation Corse soit de son côté pleine de zèle et de bonne volonté pour satisfaire à ses charges, et pour mériter, par son exactitude à les acquitter, la continuation de la bienfaisance de Sa Majesté, elle a malgré elle, le malheur de se trouver dans une impossibilité absolue de remplir ses devoirs, puisque les sommes arriérées, et celles qu'on doit payer pour l'année mil sept cent soixante-treize à mil sept cent soixante-quatorze forment un objet bien disproportionné à son état actuel de misère.

Les Etats ont humblement supplié la bonté paternelle du

Roi de daigner étendre la grâce accordée à la Nation de la remise des frais faits par la Caisse Civile pour les réparations des Logements Militaires à ceux faits par la Caisse Militaire, ou par toute autre manière que ce soit.

La présente Délibération a été signée tant par Nosseigneurs les Commissaires du Roi que par Mgrs les Evêques et Députés qui ont signé les précédentes.

Dudit jour 14 Juin 1775.

Nosseigneurs les Commissaires du Roi ont dit que Sa Majesté venait d'accorder au Trésorier de la Caisse Civile, à raison de l'augmentation du travail que lui donne la Caisse de la Nation pour la perception de la Subvention et de l'imposition sur les Maisons, une remise d'un pour cent sur toutes les recettes qu'il fera ; que cette remise ne commencera qu'à compter du premier Octobre 1773, et sur les impositions qui seront réparties à compter de ladite époque seulement ;

Que Sa Majesté voulait bien prendre ladite remise à son compte sur le montant de l'abonnement de la Subvention, mais qu'elle serait au compte de la Nation sur l'excédent dudit abonnement et l'imposition sur les Maisons.

Sur quoi la matière mise en délibération, il a été arrêté que le Trésorier général de la Nation, tant pour la recette du surplus de l'abonnement de la Subvention que sur celle de l'imposition des loyers des Maisons pour contribuer aux Logements Militaires aura la remise d'un pour cent, à compter du premier Octobre mil sept cent soixante-treize.

Après quoi la Séance a été remise à après demain, seize du courant, neuf heures du matin.

La présente Délibération a été signé tant par Nosseigneurs les Commissaires du Roi, que par Mgrs les Evêques et Députés qui ont signé les précédentes.

Séance du 16 Juin 1775.

Monseigneur Doria, Evêque Président, et Mgrs les Evêques et Députés ci-dessus énoncés s'étant rendus à la Salle de l'Assemblée, Mgr l'Evêque Président a dit que par la seconde délibération de la Session du quatorze du courant, les Etats ont invité le Comité, auquel préside M. l'Abbé Santini, nommé à l'Evêché du Nebbio, de s'occuper du soin de chercher les moyens les plus faciles pour le progrès de l'agriculture de cette Ile, et profiter des dispositions favorables que Sa Majesté a daigné témoigner pour la protéger et l'encourager ;

Que personne n'ignore l'importance de cet objet qui après le commerce est le plus essentiel pour le bien de l'Etat ;

Que l'Assemblée générale entendrait avec intérêt les réflexions du Comité qui ne pourront être que censées et judicieuses.

Ensuite de quoi l'Abbé Santini, nommé à l'Evêché du Nebbio, a dit que le Comité qu'il a l'honneur de présider est convenu que l'on ne pourra espérer en Corse un progrès rapide dans l'agriculture que lorsque l'Edit du Roi du mois de Juin de l'année mil sept cent soixante-onze, concernant les mésus champêtres, sera exactement observé, qu'il serait même nécessaire de modifier quelques articles dudit Arrêt ;

Que l'article 17 qui limite la foi due au témoignage des Gardiens aux cas où les amendes n'excéderont pas trois livres, outre les dommages et intérêts, jusqu'à la concurrence de pareille somme, et qu'en tout autre cas, leurs rapports ne feront foi que lorsqu'ils seront assistés d'un ou de plusieurs témoins, rend impunissable la plus grande partie des abus champêtres, par la difficulté où se trouve le Propriétaire lésé d'avoir d'autres preuves que celles des Gardiens; que par conséquent il serait bon de reprendre l'exécution du Chap. 46 du Statut Criminel de Corse, qui, pour les dommages arrivés dans les biens champêtres, s'en rapporte à la déposition du Gardien. Qu'on pourrait encore régler que le Propriétaire lésé lui même serait cru en justice sur son affirmation avec serment dans le cas où l'amende n'excéderait pas trois livres et le dommage une pareille somme;

Que l'expérience a également fait connaître qu'avant le nouveau Règlement les Gardiens étaient beaucoup plus exacts qu'à présent à remplir les devoirs de leur ministère, qu'ils avaient alors une partie des amendes à leur profit, moyen le plus efficace pour le sengager à veiller à la conservation des champs confiés à leur garde; que les amendes des abus champêtres sont à présent entièrement dévolues au Domaine du Roi à l'exclusion de la partie attribuée au Greffier et à l'Huissier de la Communauté, ce qui fait qu'il ne se soucient pas de dénoncer le bétail qui a fait dommage;

Que pour provoquer l'attention des Gardiens, ainsi que celle des Propriétaires, il serait nécessaire de partager en quatre portions égales toutes les amendes, en attribuant la première partie au Domaine du Roi, la seconde au Propriétaire endommagé, la troisième au Gardien dénonçant, et la quatrième au Greffier et à l'Huissier de la Communauté;

Que l'on a observé que plusieurs Communautés de Corse n'élisent point de Gardiens, négligence absolument nuisible à la défense du territoire;

Qu'il serait nécessaire de remédier à cet abus par un règlement coactif qui obligeât chaque Communauté de nommer ses Gardiens, tous les ans, non seulement pour les terres ensemencées, mais encore pour les vignes, les arbres et les clos, à la charge par eux de continuer à les garder jusqu'à la nomination de leurs successeurs;

Que les chèvres en Corse ne laissent pas que d'être un obstacle réel à l'accroissement de l'agriculture ; mais qu'il est difficile d'assujettir toute la Corse à la même règle sur cet objet ;

Que les chèvres en certaines Piève et Communautés sont très pernicieuses, tandis que dans les autres elles sont le principal objet de leur subsistance ;

Que le Comité n'a pu entrer dans le détail de cette différence qui exigerait des notions exactes des territoires de chaque Piève et de chaque Paroisse, éclaircissements qui manquent actuellement ;

Que pour se conduire sûrement dans une détermination qui intéresserait presque toutes les Communautés de la Corse, on pourrait statuer qu'en chaque Piève on convoquerait une Assemblée du Podestat Major, des Nobles et des Officiers Municipaux des Communautés de son district pour examiner s'il conviendrait de proscrire tout à fait les chèvres de leur Piève, ou seulement dans quelques Communautés d'icelle, et que dans le cas où les chèvres pourraient subsister sans crainte des mésus champêtres, il faudrait désigner et circonscrire le territoire particulier sur lequel cette espèce de bétail pourrait paître, lequel terrain devrait être éloigné au moins d'un demi mille des terres plantées en vignes, ou en arbres ;

Que les chèvres domestiques devraient être absolument défendues dans toutes les Provinces, Pièves et Communautés, sauf le cas du besoin pour cause de maladie, ce qui devrait être constaté par un certificat de Médecin, et à son défaut par le Curé ;

Que si cependant quelque Communauté avait un besoin indispensable de ces chèvres privées, et qu'elle n'en craignît point de dommage dans son territoire, elle pourrait avoir recours à M. l'Intendant pour en obtenir une permission spéciale avec les précautions, restrictions et modifications nécessaires pour l'indemnité de la Communauté demandante et des Communautés circonvoisines ;

Qu'après avoir mis en avant ces observations pour la garde des biens champêtres, le Comité a porté ses vues sur l'avancement de l'agriculture ; mais le peu de temps qu'il a eu pour s'en occuper ne lui a pas permis de former des mémoires étendus et détaillés sur cet objet ;

Que les trois branches d'agriculture qui lui ont été présentées, comme les plus avantageuses et les plus faciles à exécuter en Corse, sont les plantations de mûriers, d'oliviers et d'orangers, citronniers et limoniers auxquels le sol et le climat de la Corse sont très propres ;

Que pour assurer la plantation des mûriers, il serait nécessaire d'établir cinq pépinières, savoir : à Bastia, Corte, Ajaccio, Calvi et Cervione, sous l'inspection et direction de l'Inspecteur d'Agriculture ; qu'un nombre déterminé de mûriers tirés de ces différentes pépinières fût distribué gratuitement à ceux qui seraient dans le cas d'en planter, avec espoir de réussite, ce qui serait justifié par le certificat du Podestat et des Pères du Commun ;

Que pour accélérer une plantation aussi avantageuse, l'on devrait supplier très humblement Sa Majesté d'attribuer une prime de deux livres pour chaque mûrier planté en Corse, que l'on tirerait de France, ou d'Italie ;

Que moitié de cette prime fût payée au moment de l'arrivée des arbres, et l'autre moitié trois ans après, sur la vérification qui serait faite, non seulement de leur plantation, mais encore du bon état d'existence des mûriers plantés ;

Que le produit des mûriers fût, pendant 25 ans, exempt de toute imposition, charges, droits de Douane, taxes imposées ou à imposer ;

Qu'on attribuât une prime semblable pour les arbres de limons et d'oranges de toute espèce, que l'on ferait venir de Terre-ferme, et qui serait payée dans les temps et de la manière ci-dessus exprimée ;

Que l'on fît aussi cinq pressoirs et cinq pépinières d'oliviers dans les endroits proposés pour les mûriers pour être distribués de la même manière ;

Que toutes les exemptions, franchises et privilèges accordés par les déclarations du Roi des quatorze Juin mil sept cent soixante-quatorze et treize Août mil sept cent soixante-seize pour encourager le dessèchement des terres marécageuses de la France et couvertes d'eaux stagnantes, fussent étendues à l'Ile de Corse ; mais que pour suppléer, en quelque manière, au défaut d'argent qu'éprouvent la plus part des Propriétaires de ces sortes de terres, Sa Majesté fût suppliée de vouloir bien par un effet de sa générosité les encourager par quelque secours en argent par chaque mezinade de terre desséchée ;

Qu'il fût intimé à toutes les Communautés et aux Particuliers qui ont des terres marécageuses, que, tant pour la salubrité de l'air que pour les succès de l'agriculture en Corse, ils ayent à les dessécher et mettre en valeur, dans l'espace de cinq ans, à défaut de quoi, ils seront obligés de les vendre à juste prix à ceux qui demanderont de les acheter ;

Que, quant à la fabrication de l'huile et du vin, il n'a pas été possible de dresser des mémoires détaillés, faute des expériences nécessaires pour les appuyer ;

Que celles présentées par l'Inspecteur de l'agriculture ont été lues avec toute sorte de satisfaction, et que le Comité y a reconnu son activité et son zèle ;

Que cette matière peut former un des objets que les Etats prochains auront à traiter, après qu'on aura pris tous les renseignements nécessaires ;

Que le Comité a borné à ces objets les propositions qu'il soumet au jugement des Etats.

Sur quoi la matière mise en délibération, il a été arrêté que les Députés à la Cour supplieront humblement Sa Majesté de vouloir bien tendre une main bienfaisante et secourable pour faciliter l'exécution des moyens proposés par le Comité, afin d'encourager l'agriculture, l'Assemblée (générale regardant ces moyens comme les plus prompts et les plus efficaces pour mettre l'Ile en valeur, et la tirer de l'état de médiocrité et d'inaction où elle se trouve, malgré la grande étendue et la fertilité de ses terrains.

De la part des Députés de Balagne et de Calvi il a été dit, au nom de leurs Provinces, qu'à l'égard des mésus champêtres, ils ne demandent d'autre établissement que l'exécution de ce qui est porté par le chapitre 46 du Statut Criminel de Corse, qui remédierait mieux à tous les désordres des mésus champêtres, que l'expérience a fait connaître avec quelle sagesse cette loi était rédigée.

Après quoi la Séance a été remise à demain, 17 du courant, neuf heures du matin.

La présente Délibération a été signée tant par Mgr l'Evêque Président que par Mgr Cittadella, nommé à l'Evêché de Mariana et Accia, l'Abbé Santini, nommé à l'Evêché du Nebbio, de MM. Emanuelli et Guidoni, Piévans, Colonna d'Ornano et Jean-Baptiste Folacci, Députés Nobles, Carli et La Rosata, Députés du Tiers-Etat.

Signé : GIUBEGA, *Greffier en chef.*

Séance du 17 Juin 1775.

Monseigneur Doria, Evêque Président, Mgrs les Evêques et Députés susnommés s'étant rendus à la Salle de l'Assemblée, il a été remis trois Mémoires, le premier par les Députés de Balagne tendant à obtenir quelque décharge sur l'augmentation faite par la présente Assemblée Générale avec l'exposé des raisons qui viennent à l'appui de leur demande, ainsi qu'il résulte de leur requête rapportée au registre des Mémoires ;

Le second par le Sieur Abbé Poletti, Député Ecclésiastique de la Balagne et Curé de Palasca, relatif à celui présenté à la précédente Assemblée, à l'effet d'obtenir une portion congrue sur les dîmes que le Séminaire de Bastia lève sur son territoire afin de subvenir à son honnête subsistance qui lui manque actuellement ;

Le troisième par le Sieur Battestini par lequel il représente que, quoiqu'il ait passé un contrat avec les Etats ou ses représentants de fournir la cire, la musique et tout ce qui est nécessaire pour les deux solemnités de l'ouverture et de la clôture des Etats, qui se font dans son Eglise moyennant la rétribution de cent quatre-vingt-dix livres, cette somme serait très modique, si le compte qui a été présenté pour la musique seule montant à cent trois livres devait subsister ; qu'il sollicite à cet égard la réforme et la modération de cette dépense.

Sur quoi la matière mise en délibération, il été arrêté que la demande de la Province de Balagne sera rejetée, et que les augmentations et répartitions réglées dans les précédentes Séances seront exécutées sans aucun changement ;

Que la demande du Sieur Curé de Palasca serait renvoyée à Mgr Cittadella, nommé à l'Evêché de Mariana et Accia, pour y pourvoir promptement, et après avoir entendu contradictoirement les Procureurs et Administrateurs du Séminaire de Bastia et tels autres décimateurs que ce soit.

Et néanmoins l'Assemblée Générale a insinué à Mgr l'Evêque Cittadella de prendre en particulière considération le besoin, le zèle et le mérite du Curé suppliant.

Que de l'état des dépenses prétendues par les musiciens pour les deux jours de l'ouverture et clôture de l'Assemblée Générale l'on retranchera les trente-deux livres, six sous, qui y sont employés pour copier les cahiers de musique.

La présente Délibération a été signée tant par Mgr l'Evêque Président que par Mgrs Guasco, Evêque de Sagone, et de

Guernes, Evêque d'Aleria, et MM. Ogliastri et Franceschi, Piévans, Colonna d'Istria et Jules Roccaserra, Députés Nobles, Nicolai et Ferrandi, Députés du Tiers-Etat.

Signé : GIUBEGA, *Greffier en chef.*

Dudit jour 17 Juin 1775.

Monseigneur l'Evêque Président a dit que, dans la Séance du 14 Juin, le Sieur Gautier, Trésorier de la Caisse Civile, a présenté l'état de ses comptes tant de la recette que de l'emploi du produit des deux vingtièmes de la Subvention de premier Octobre 1769 au premier Octobre 1773 et des loyers des maisons pour l'imposition des logements militaires à commencer dudit jour premier Octobre 1769 jusqu'au premier Octobre 1772, comme aussi des dépenses faites pour compte de la Nation et avancées par la Caisse Civile ; que tous ces comptes ont été remis à l'examen d'une Députation particulière, à laquelle Mgr de Guernes devait présider, qu'il serait bon actuellement d'entendre le résultat de ses observations pour procéder ensuite aux délibérations qui seront le plus convenables aux besoins et à l'avantage de la Nation.

Après quoi Mgr de Guernes a dit qu'ils ont reconnu par l'examen des comptes du produit de la Subvention que les quatre années échues au premier Octobre 1773 se montent à cinq cent cinquante-un mille cinq cent trente livres, neuf sous, neuf deniers ;

Que de cette somme il faut en déduire celle de vingt-quatre mille neuf cent soixante-douze livres, un sou, cinq deniers pour droit de collecte aux Podestats, Pères du Commun et Trésoriers des Provinces, de sorte qu'il reste net celle de cinq cent vingt-six mille, cinq cent cinquante-huit livres, huit sous, quatre deniers ;

Que de ces cinq cent vingt-six mille, cinq cent cinquante-huit livres, huit sous, quatre deniers, il en est entré dans la Caisse Civile quatre cent soixante-dix-sept mille, deux cent quatre-vingt-onze livres, dix-sept sous, sept deniers ; qu'il était dû au Roi pour les quatre années de l'abonnement de la Subvention quatre cent soixante-seize mille, deux cent soixante-onze livres, treize sous, en sorte qu'il reste en caisse pour le compte de la Nation mille vingt livres, quatre sous, sept deniers, qui ont été exigés en sus du montant de la Subvention ;

Que pour consommer le payement des deux vingtièmes de la Subvention desdites quatre années, il reste à exiger des différentes Provinces, Pièves et Communautés soixante-trois mille neuf livres, quinze sous, cinq deniers, dans laquelle est comprise celle ci-dessus rapportée de mille vingt livres, quatre sous, quatre deniers, ainsi que celle de treize mille sept cent quarante-trois livres, cinq sous portée par observations dans le compte du Sieur Gautier, de manière que tout ce dont la Nation est en avance au premier Octobre 1773, est de soixante-quatre mille trente livres ;

Qu'en outre le Sieur Gautier a présenté un état des dépenses et avances faites pour le compte de la Nation ; qu'on a cru devoir en déduire 1º toutes les réparations faites aux maisons et bâtiments destinés pour les logements militaires, jusqu'au premier Octobre 1774, et payées par la Caisse Civile, lesquelles, conformément à l'article 4 de l'Arrêt du Conseil d'Etat du 30 Septembre de l'année dernière, concernant l'imposition sur les maisons, et à la neuvième réponse du Roi au cahier des Etats de 1773, ont été remises à la Nation par la munificence de Sa Majesté ;

Qu'en outre on a déduit toutes les dépenses faites dans la première Assemblée Générale de 1770, qui sont pour le compte du Roi, attendu que cette charge n'a été annoncée qu'aux Etats de 1772, et qu'elle ne regardait que la tenue de cette Assemblée et des autres successives, comme il a été observé par les Etats dans la quatrième délibération de la Séance du 13 Novembre 1773 ;

Qu'après la déduction de ces deux sommes il restait à la prétendue charge de la Nation soixante-six mille, six cent soixante livres, quatre sous, quatre deniers ;

Que cette partie contient encore des sommes susceptibles d'examen et de discussion ;

Que sur les frais des Assemblées Provinciales des années 1771 et 1773, les Etats précédents firent leurs respectueuses représentations, pour faire sentir que Sa Majesté n'ayant point fait connaître ses sentiments à cet égard, on ne pouvait pas les mettre à la charge de la Corse ; qu'en ayant réclamé la décharge, on ne voit pas que Sa Majesté ait rejeté la demande de l'Assemblée exprimée dans les Délibérations et Séances ci-dessus rapportées ;

Que les dépenses faites pour l'élection des Officiers Municipaux paraissent encore inadmissibles, ne trouvant pas que le Roi en ait chargé la Corse, comme il fut dit dans ladite Séance des Etats précédents ;

Que les frais du Bureau des impositions qui forment un des objets principaux des dettes Nationales, ayant été faits avec excès et sans un consentement légitime de la Nation, il y a à espérer de la magnanimité du Roi qu'ils seront remis à la Nation sur les très humbles remonstrances faites par les Etats dans la troisième délibération de la Séance du 20 Mai ;

Que quand même les calculs du Sieur Gautier des sommes avancées à compte de la Nation devraient subsister, on devrait ajouter deux mille six cent quarante-cinq livres, pour suppléer au payement des logements des Gens de Guerre, ce qui fournirait un total de soixante-neuf mille, deux cent soixante-quinze livres, quatre sous, quatre deniers dûs par la Nation, à quoi on devrait encore joindre l'honoraire des Députés de trois Assemblées Générales et Provinciales de l'année 1772, 1773 et 1775 qui en réclament le payement ;

Qu'il est bon cependant d'observer ici que la Nation a encore à recouvrer sur le restant du produit des deux vingtièmes de l'imposition soixante-trois mille neuf livres, quinze sous, cinq deniers qui devraient être augmentées si plusieurs propriétaires qui ont leurs biens en différentes Provinces et particulièrement dans celle d'Aleria, étaient contraints à payer sans délai ce qu'ils doivent encore pour la Subvention des années passées ; ce qu'on peut dire également des biens du Domaine qui n'ont point contribué jusqu'à présent, quoique suivant l'Edit du Roi concernant la Subvention, ils soient imposables ;

Qu'à l'égard des maisons on a reconnu, en premier lieu, que le produit de l'imposition des deux vingtièmes du premier Octobre 1769 au premier Octobre 1772, déduction faite du droit de collecte pour les Officiers Municipaux et Trésoriers et de quelques décharges accordées, se monte à soixante-dix-huit mille quatre cent soixante-neuf livres, dix-sept sous, cinq deniers ;

Qu'à compte de cette somme il a été payé quarante-six mille deux cent trente-cinq livres, un sou, et que ce qui reste à recouvrer se réduit à trente-deux mille quatre cent quatre-vingt-six livres, sept sous ;

Que quoiqu'on n'ait pû bien connaître en détail le vrai montant des loyers à payer aux propriétaires des maisons et autres emplacements employés pour le logement de Troupes, il a paru cependant qu'ils montent à quatre-vingt-cinq mille six cent soixante livres, dix-sept sous ;

Qu'ainsi le produit des maisons contribuables serait moindre de sept mille cent quatre-vingt-dix livres, dix-neuf sous, sept deniers relativement au loyer dû aux propriétaires des maisons et autres bâtiments employés au service des Troupes pour les susdites trois années, que sur lesdites sept mille cent quatre-vingt-dix livres, dix-neuf sous, sept deniers il y a à déduire quatre mille cinq cent soixante-quinze livres, treize sous, six deniers qui étaient dûs pour les maisons du Domaine, et dont Sa Majesté a déchargé la Nation par l'article 3 de l'Arrêt du Conseil d'Etat du 30 Septembre 1774, concernant l'imposition sur les maisons de l'Ile, et par la réponse cinquième au cahier des Etats de 1773 ;

Que, pour cet objet, ce qui est dû pour les trois années se réduit à deux mille six cent quinze livres, six sous, un denier ;

Qu'à l'égard des autres articles on a cru les devoir admettre et bonifier sans difficulté ;

Que de plus la Députation a cru qu'on devait donner une marque de satisfaction de l'exactitude avec laquelle le Sieur Gautier s'est comporté dans son administration, et en même temps quelque dédommagement des frais et du travail qu'il a dû faire en lui accordant un pour cent sur la totalité de la recette, tant de la Subvention que de l'imposition des maisons à commencer du premier Octobre 1769 jusqu'au premier Octobre 1773.

Sur quoi la matière mise en délibération, il a été arrêté que toutes les observations dictées par le zèle et l'attention du Comité seront présentées à Nosseigneurs les Commissaires du Roi, pour que les comptes du Sieur Gautier, après qu'ils auront été signés, vérifiés et alloués par eux, soient réunis au Greffe des Etats, conformément à ce qui est prescrit par l'Arrêt du Conseil d'Etat du 24 Octobre 1772 concernant la Subvention.

Les Etats ont en outre délibéré que, pour témoigner leur satisfaction au Sieur Gautier de l'administration dont il a été chargé, il lui sera fait remise d'un demi pour cent sur le montant des deux vingtièmes du produit de la Subvention et de l'imposition des maisons à compter du premier Octobre 1769, jusqu'au premier Octobre 1773 ; que, quoique cette rétribution soit modique, l'Assemblée est persuadée que le Sieur Gautier l'agréera plutôt comme une marque de sa bienveillance que comme le prix de son travail et le remboursement de ses frais.

Après quoi la Séance a été remise à après demain, 19 du courant, 9 heures du matin.

La présente Délibération a été signée tant par Mgr l'Evêque Président que par Mgrs les Evêques et Députés qui ont signé la précédente de ce jour.

Séance du 18 Juin 1775.

Monseigneur l'Evêque Président et Mgrs les Evêques et Députés ci-devant nommés s'étant rendus à la Salle de l'Assemblée, Mgr l'Evêque Président a dit que les douloureuses vicissitudes de cette Ile ont obligé le Gouvernement de s'assurer d'un grand nombre de personnes d'une conduite suspecte ou réputée telle ;

Que les cris de la douleur de ces disgraciés, les représentations et les larmes de leurs parents et de leurs amis ne permettent pas aux Etats de garder le silence sur un objet qui intéresse un très grand nombre de familles de la Nation ;

Que quoiqu'elle regarde avec des sentiments d'horreur ces monstres de perfidie et d'ingratitude, qui par l'excès de leurs crimes se sont rendus indignes de compassion, elle ne peut s'empêcher de sentir de la commisération pour ceux qui pourraient être innocents ou seulement coupables de quelques légers écarts ;

Que l'Assemblée, pour témoigner combien la disgrâce de cette seconde classe de malheureux la pénètre de douleur, devrait réclamer en leur faveur le crédit, l'équité et la protection de Mgr le Comte de Marbeuf, que la bonté du cœur et l'esprit de douceur dont ce Général est animé doit nous faire espérer qu'il se prêtera volontiers à venir au secours de ces prisonniers.

Après quoi les Etats en délibérant ont trouvé bon d'arrêter qu'on ferait une Députation composée de Mgr Guasco, Evêque de Sagone, de MM. Valentini et Guidoni, Piévans, de MM. Belgodere de Bagnaja et Antoni, Députés du Tiers-Etat, avec deux membres de la Commission des Douze, que cette Députation se présentera à S. Ex. le Comte de Marbeuf pour lui témoigner les sentiments d'amour et de respect dont cette Assemblée Générale est pénétrée pour lui, sentiments qui sont communs à toute la Nation Corse, pleine de reconnaissance pour le zèle, la sagesse et la justice avec laquelle il gouverne ce peuple, implorer de la bonté de son cœur ses bons offices pour solliciter l'élargissement de ceux des prisonniers Corses détenus dans la Tour de Toulon, ou dans les prisons de Corse, qui ne sont pas indignes de sa commisération ;

Que les Etats osent s'intéresser pour eux dans la persuasion où ils sont, que, parmi ce nombre de prisonniers, il peut y en avoir d'innocents, ou qui ne sont coupables que de fautes légères, suffisamment expiées par leur longue et pénible détention.

La Députation ayant rempli sa commission, et s'étant rendue à la Salle de l'Assemblée, Mgr Guasco, Evêque de Sagone, a dit que Mgr le Comte de Marbeuf a fait connaître tout l'empressement qu'il avait de se prêter aux instances des Etats ;

Qu'après la séparation de l'Assemblée Générale il mettrait toute son attention à examiner les réclamations de ceux qui avaient été mis en prison par raison d'Etat ; qu'il se ferait un plaisir et un devoir de venir au secours de ceux qui seraient innocents et de ceux qui par l'irrégularité de leur conduite ne se seront pas tout à fait rendus indignes de l'indulgence et de la douceur du Gouvernement, qu'en cette circonstance, et en toute autre, il fera éclater le sincère attachement qu'il a pour cette la Nation en général et pour chacun de ses individus.

La présente Délibération a été signée tant par Mgr l'Evêque Président que par Mgrs Guasco, Evêque de Sagone, et de Guernes, Evêque d'Aleria, par MM. Guidoni et Villanova, Piévans, Poli et Petriconi, Députés Nobles, et par les Sieurs Filippi et Vincenti, Députés du Tiers-Etat.

Signé : GIUBEGA, *Greffier en Chef*.

Dudit jour 19 Juin 1775.

Monseigneur l'Evêque Président a dit que Benoît de Negri, fils d'Alexandre du lieu d'Alassio, rivière de Gênes, habite, depuis cinq ans, la Ville d'Ajaccio où il exerce la profession de Marchand à la satisfaction des habitants ;

Que, depuis deux ans, il s'est marié avec une femme de la même Ville qui lui a donné une dot en biens fonds capable de le déterminer à s'y établir ;

Que le susdit de Negri étant déterminé de fixer sa demeure en Corse supplie les Etats de vouloir bien le naturaliser Corse, et comme tel l'admettre à jouir des mêmes privilèges dont jouissent les autres sujets de Sa Majesté nés en Corse.

Sur quoi les Etats en délibérant ont trouvé bon d'arrêter, en considération même du certificat que MM. les Officiers Municipaux ont donné en faveur dudit Benoît de Negri, que, sous le bon plaisir de Sa Majesté, il serait désormais considéré comme un vrai Corse pour jouir de toutes les grâces, droits et privilèges dont jouissent et doivent jouir les Sujets de Sa Majesté nés dans cette Ile, et que Sa Majesté serait humblement suppliée d'accorder audit de Negri toutes Lettres Patentes de naturalisation dont il peut avoir besoin.

Et a été la présente Délibération signée comme dessus.

Dudit jour 19 Juin 1775

Les Députés de la Province du Cap-Corse ont représenté que pour satisfaire aux charges de la Nation, l'Assemblée n'ignore point qu'elle a dû recourir à une augmentation de quatre sous, quatre deniers par livre, au marc la livre des déclarations et augmentations réglées sur le produit des deux vingtièmes de la Subvention ;

Que cette augmentation ne peut être supportée par ladite Province du Cap-Corse qui, pour avoir été une des plus exactes et des plus fidèles dans ses déclarations, se trouve plus chargée que les autres ayant payé dix-sept mille cent soixante-quinze livres, cinq sous par chacune des trois années précédentes sur le montant desquelles on doit régler l'année commune, contribution qui surpasse en proportion toutes les autres Provinces et Pièves de la Corse ;

Que chacun sait combien le territoire du Cap-Corse est stérile et peu étendu et que son produit est borné à une modique quantité de vin ;

Qu'il paraît de la justice des Etats de ne pas permettre qu'on laisse cette Province aussi surchargée ; que le moyen de la soulager serait de l'exempter au moins de l'augmentation de quatre sous, quatre deniers par livre, parce que même sans cette augmentation elle demeurerait toujours plus imposée que toutes les autres.

Sur quoi l'Assemblée générale, en délibérant, a trouvé bon d'arrêter qu'on ne devra plus écouter les représentations de la Province du Cap-Corse trop fréquemment réitérées ;

Que l'Assemblée de son côté persiste dans les déterminations prises dans les Séances précédentes, comme réglées dans la juste proportion qu'elles doivent avoir ; que la Province du Cap-Corse n'a pas à se plaindre de sa contribution des années précédentes, puisqu'elle a été relative à ses productions ; que l'augmentation de quatre sous, quatre deniers par livre n'est qu'un supplément nécessaire pour suppléer aux dettes de la Nation ; que l'exactitude dont la Province du Cap-Corse se vante a été largement recompensée en ce qu'on l'a exemptée des deux augmentations réglées, la première par l'Assemblée générale de l'année 1773 et l'autre par les Etats présents.

Et la présente Délibération a été signée comme dessus.

Du dit jour 19 Juin 1775.

Monseigneur l'Evêque Président a dit que, dans la Séance du 6 du courant, Nosseigneurs les Commissaires du Roi annoncèrent aux Etats que Sa Majesté était décidée de s'occuper de l'Instruction publique de cette Ile relativement à l'établissement des Collèges ;

Qu'ils invitèrent en conséquence l'Assemblée générale à s'appliquer à l'examen des biens et rentes attribuées à l'éducation, à ce qu'on pourrait faire pour les améliorer et pour en augmenter le revenu, à dresser en outre un plan d'études le plus utile et le plus analogue au génie de la Nation, au traitement des Professeurs, et principalement à l'emploi sûr et avantageux du capital de quatre-vingt-seize mille neuf cent vingt-huit livres provenant du remboursement fait par la Cour de Naples ;

Que tous ces objets remis à l'examen de la Députation Ecclésiastique y ont été discutés avec la plus grande attention, que l'on en rendra compte à l'Assemblée pour la mettre à portée d'en délibérer en conséquence ;

Qu'en commençant par le revenu des biens des Jésuites d'Ajaccio et Bastia attribué à l'instruction publique, il s'est trouvé monter à treize mille cinq cents livres, auxquelles outre les quatre mille huit cent quarante-six livres, huit sous pour les intérêts des quatre-vingt-seize mille neuf cent vingt-huit livres, tirées de Naples, on doit réunir quarante livres, pour le Domaine d'Antisanti, mille deux cent livres, pour le legs du Prêtre Leca, et deux cent soixante-dix livres, pour une maison a l'Ile Rousse ;

Que du revenu des biens des Jésuites il faut distraire les pensions de quatre ex-Jésuites et d'un Frère qui forment un objet de . . . . 1,850.
(Charge cependant qui n'est pas perpétuelle, mais viagère et dépendante de la mort des pensionnés).
Qu'il y a à soustraire aussi la charge des Chapellenies de Bastia qui se monte à . . . 836. 6.
Pour les cens et aumônes sur les revenus de Bastia . . . . 27. 10.
Pour l'imposition des deux vingtièmes des maisons pour les logements militaires . . . 695.
Pour la Subvention territoriale . . . . . 161.
Pour la Régie et entretien des biens de Ville et de Campagne . . . . 1,100.
A l'Avocat et au Procureur . . . . . . 150.
Pour l'administration des biens . . . . . 600.

Que, d'après tout cela, il est aisé de voir que le produit net des biens affectés à l'instruction est réduit à 14,436 livres ;

Qu'à l'égard du nombre des Collèges et des lieux où ils seront établis, on a cru s'en tenir au premier projet, savoir : Bastia, Ajaccio, Calvi et Cervione ;

Que la dépense de chaque Collège calculée avec toute l'économie relative à la modicité du revenu a été évaluée à cinq mille livres par an :

SAVOIR :

Au Recteur du Collège	1,000.
Au Professeur de Rhétorique	900.
A celui d'Humanités	750.
A celui de Grammaire	650.
A celui de la Grammaire mineure	650.
Au Portier	200.
Pour la Chapelle et autres petites dépenses	250.
Pour le loyer du bâtiment qui servira de Collège	600.

Que, quoique le revenu calculé soit au-dessous de cinq mille cinq cent soixante-quatre livres, de la somme absolument nécessaire pour l'entretien de quatre Collèges, néanmoins le Comité, animé par l'espérance qu'il a toujours eue dans la munificence du Roi, espère de voir ses bienfaits s'étendre au delà de son attente, et se flatte que Sa Majesté daignera y suppléer autant que de besoin ;

Que l'emploi du capital de quatre-vingt-seize mille neuf cent vingt-huit livres est l'objet dont le Comité s'est occupé plus que de tout autre ; qu'il y a eu sur cela plusieurs opinions et différents projets, mais que celui qu'on a reputé le plus convenable a été de le prêter à intérêt à raison de cinq pour cent à la Communauté de Bastia, qui le sollicite sous la condition expresse de l'employer à construire des maisons ou autres bâtiments qui pourraient mieux convenir à l'avantage et à l'ornement de la Ville, avec hypothèque spéciale en faveur des quatre Collèges ;

Que pour le cautionnement de ces fonds il faudrait en outre hypothéquer tous les biens dont la Ville de Bastia jouit, et pourrait jouir à l'avenir, y compris les droits de Gabelle et tout autre qui pourrait lui appartenir ;

Que, pendant l'espace de vingt ans, la Ville ne pourrait rendre ce capital, ni l'Instruction en demander le remboursement ;

Qu'après le terme de vingt ans il serait libre à la Ville de Bastia de restituer ce capital, et à l'Instruction d'en exiger la restitution, pourvu que la demande en fût faite deux années d'avance, pendant lesquelles les intérêts courraient toujours ;

Que la rente de ce capital serait payée, de trois mois en trois mois, ez-mains du Régisseur et qu'à l'égard du plan d'études qui peut être analogue au génie de la Nation et au bon ordre, Monseigneur l'Evêque Président a dit qu'il en rendrait compte dans la Séance de demain.

Après quoi les Etats, en délibérant, ont arrêté qu'il y aurait quatre Collèges érigés, savoir : à Bastia, Ajaccio, Calvi et Cervione, étant tous quatre également d'une nécessité indispensable ;

Que la dépense de chaque Collège serait réglée de la manière proposée par le Comité ;

Que Sa Majesté serait humblement suppliée d'étendre sa main bienfaisante pour suppléer à ce qui manque au revenu destiné à l'entretien de cette partie d'instruction ;

Qu'à l'égard de l'emploi du capital de quatre-vingt-seize mille neuf cent vingt-huit livres, la Communauté de Bastia, ainsi que celle d'Ajaccio et toutes autres, pourraient, dans le délai de deux mois, faire tels projets et propositions qu'elles jugeraient à propos pour l'emprunt de ce fond, désigner les biens et les moyens qu'elles ont pour l'assurer ; quel est l'emploi que la Communauté qui empruntera voudra en faire, avec tous les autres éclaircissements nécessaires pour en démontrer la sûreté et l'avantage ;

Que ces projets qui ne pourront être faits que par les personnes spécialement autorisées *ad hoc* seraient remis aux deux membres de la Commission des Douze de résidence à Bastia qui seront chargés de les examiner séparément, d'y faire leurs réflexions et de les remettre ensuite à Monseigneur le Maréchal du Muy, Ministre de la Guerre, en le priant de se déterminer pour tel emploi qu'il jugerait le plus avantageux et le plus sûr pour l'instruction.

Après quoi la Séance a été remise à demain, vingt du courant, neuf heures du matin.

Et la présente Délibération a été signée tant par Monseigneur l'Evêque Président que par les autres Mgrs les Evêques et Députés qui ont signé les précédentes de ce jour.

Séance du 20 Juin 1775.

Monseigneur Doria, Evêque Président, et Mgrs les Evêques et Députés, ci-dessus nommés, s'étant rendus à la Salle de l'Assemblée, M. Belgodere de Bagnaja, Député Noble de la Province de Bastia, a dit que dans la dernière Assemblée des Etats, dans la sixième délibération de la Séance du 26 Novembre, les Députés de la Piève de Bastia, en expliquant l'observation qui avait été faite dans la précédente Assemblée Provinciale sur la fréquentation des classes et le peu de progrès des Ecoliers du Collège de Bastia, dirent que cela provenait du défaut d'application des Professeurs d'Humanités et de Rhétorique ;

Que le tort que cette délibération apporta aux deux Professeurs fut reconnu par Mgr l'Evêque de Bastia et par les parents des Ecoliers qui leur donnèrent un certificat de leur zèle, sagesse et activité;

Que néanmoins, comme il restait dans le procès-verbal de la précédente Assemblée un monument perpétuel d'une injuste critique et d'une désapprobation mal fondée, la raison et l'équité exigeraient de justifier leur conduite par une autre délibération.

Sur quoi les Etats délibérant, après avoir entendu l'avis des autres Députés de la Province de Bastia, ont arrêté qu'on ne fera aucun compte des expressions consignées contre les susdits Professeurs dans la Séance du 26 Novembre de la précédente Assemblée, lesquelles, comme mal fondées, ne pourront en aucune manière porter préjudice aux Sieurs Abbés Colombani et Marinetti qui se sont toujours comportés honorablement dans le devoir de leur ministère.

Et la présente Délibération a été signée tant par Mgr l'Evêque Président que par Mgr Cittadella, nommé à l'Evêché de Mariana et Accia, par M. l'Abbé Santini, nommé à l'Evêché du Nebbio, par MM. Gavini et Valentini, Piévans, par MM. Antoni et Cattaneo, Députés Nobles, et par les Sieurs Rossi et Marochini, Députés du Tiers-Etat.

Signé: GIUBEGA, *Greffier en Chef.*

Dudit jour 20 Juin 1775.

Les Députés de la Province de Sartene et de la Rocca ont dit que dans l'établissement des Collèges on ne voit point que Bonifacio y soit compris, tandis que par la facilité d'y trouver des logements et le bon marché des vivres on pouvait y trouver plus aisément la subsistance;

Que l'éloignement où se trouve cette Ville de toutes celles

de la Corse, ne leur donne pas lieu d'espérer que la jeunesse puisse profiter des quatre Collèges d'Ajaccio, Bastia, Cervione et Calvi ; qu'il serait nécessaire d'y établir au moins une Ecole de deux Maîtres.

Sur quoi les Etats ayant délibéré ont arrêté que les revenus attribués aux quatre Collèges étant de cinq mille six cent livres, au-dessous de ce qu'il faut pour leur entretien, il n'est pas possible de pourvoir à l'Instruction de Bonifacio ;

Que les Etats seulement appuyant la demande des Députés de Sartene et de la Rocca, supplient humblement Sa Majesté de la prendre en considération, en leur procurant quelques secours particuliers pour l'établissement d'une école de deux Professeurs.

Et la présente Délibération a été signée comme ci-dessus.

Dudit jour 20 Juin 1775

Monseigneur Doria, Evêque Président, a dit que dans la Séance d'hier il s'était réservé de présenter ce jourd'hui à l'Assemblée générale le plan d'études projeté par le Comité relativement aux quatre Collèges à établir ;

Qu'il va en faire un rapport distinct pour que les Etats puissent connaître s'il convient à l'utilité et au génie de la Nation.

PROJET

Sur la forme et le plan d'étude à observer dans les Collèges qui doivent être établis en Corse.

Sa Majesté ayant daigné faire dire à l'Assemblée des Etats Corses par l'organe de ses Commissaires qu'elle voulait bien adopter les vues de la Nation sur la forme à donner aux Collèges et le plan d'études à y observer pour qu'elle en recueillît tout l'avantage que Sa Majesté désire procurer à ses Sujets Corses, le Comité s'est occupé de cette affaire avec toute l'attention qu'elle mérite, en conséquence il propose les moyens suivants :

TITRE Ier

De la formation des Collèges.

Article Premier.

Sa Majesté ayant fait espérer à la Nation l'établissement d'une Université, il paraîtrait que l'étude de la Philosophie y serait mieux placée que dans les Collèges particuliers, et que l'on pourrait l'y réserver, à moins qu'on ne l'enseignât également dans les Séminaires que Sa Majesté fait espérer d'établir dans les Diocèses, jusqu'à ce que l'on puisse avoir des fonds pour établir dans chaque Collège cette classe de Philosophie.

Art. 2.

En réduisant l'objet des Collèges aux études de la Grammaire et des belles lettres, chacun d'eux ne pourrait être composé de moins de quatre Professeurs ou Régents pour former autant de classes distinctes, et en outre d'un Directeur sous le nom de Principal, ou Recteur du Collège pour surveiller les Ecoliers et les Maîtres et diriger toute la police intérieure, ce qui formerait en tout le nombre de cinq personnes pour chacun des quatre Collèges.

Art. 3.

Il y aurait un Comité composé de l'Evêque du Diocèse, et en cas d'absence, de son Grand-Vicaire, des Officiers Municipaux de la Ville où sera le Collège, des Nobles de la même Ville et de ceux du District, qui s'y trouveraient lorsque le Comité s'assemblerait.

Les fonctions du Comité se porteraient sur les articles suivants:

1º Sur la nomination et choix des Professeurs, Régents, et autres personnes employées dans les Collèges respectifs.

2º Sur la connaissance de la cause de leur déposition et suspension.

3º Sur l'exclusion perpétuelle du Collège de quelques Ecoliers qui auraient mérité d'être expulsés.

4º Sur l'administration et amélioration des biens situés dans les districts respectifs et attribués à l'instruction publique.

5º Sur les propositions des nouveaux règlements qu'il y aurait à solliciter pour le bon ordre des Collèges, ou sur la réforme de celui qui serait déjà fait.

TITRE II.

*De la distribution des Classes, des Vacances
et du plan des Etudes.*

Article Premier.

Le Maître de la première classe enseignera les premiers principes et les premières règles de la Grammaire latine jusqu'au point nécessaire pour mettre les Ecoliers en état de commencer à expliquer les Auteurs latins, et cette classe sera celle de la Grammaire mineure ou inférieure.

Art. 2.

Pour rendre les exercices du Collège plus avantageux, outre les jours et heures qui seront destinés à l'étude du Latin, on en réglera d'autres pour occuper les Ecoliers à quelques connaissances utiles et agréables, et comme Sa Majesté désire que la langue française devienne familière à tous ses Sujets Corses, le Maître de la première classe sera chargé de l'enseigner comme un objet particulier d'étude extraordinaire.

Art. 3.

Le Maître de la seconde classe recevra les Ecoliers qui seront assez instruits des principes et règles principales de la langue latine pour passer à la traduction ou explication des

Auteurs latins les plus faciles auxquels on fera succéder les Auteurs plus difficiles ; et cette seconde classe pourra être appelée celle de la Grammaire majeure.

Le même Maître enseignera l'Arithmétique pour les leçons extraordinaires comme ci-dessus.

Art. 4.

Le Maître de la troisième classe recevra les Ecoliers qui seront assez avancés dans la latinité pour s'appliquer à la poésie latine en expliquant les Poëtes et composant des vers ; on réunira à cet objet d'étude ce qu'il y a de plus fort dans la prose latine ; et cette classe sera celle des Humanités.

Le même Maître dans ses leçons particulières enseignera la Géographie.

Art. 5.

La quatrième classe sera celle de la Rhétorique dans laquelle, outre l'étude de l'Art oratoire et la perfection de celle de la Prose et Poésie latine, on pourra ajouter quelques notions et quelques essais sur la Poésie Italienne et la Française.

L'étude de l'Histoire pourra faire un des objets des leçons extraordinaires du Maître ou Professeur de Rhétorique, et surtout celle de l'Histoire de France, de l'Histoire Romaine et de celle de Corse.

Art. 6.

Le Recteur ou Principal du Collège sans avoir de classe particulière aura cependant l'inspection sur toutes ; il devra à cet effet être instruit de tout ce qui s'enseignera dans chacune pour remplacer celui des Professeurs ou Régents, qui par maladie ou toute autre cause ne pourra pas tenir classe afin que les leçons ne manquent jamais.

Art. 7.

Aucun Ecolier ne sera admis dans une classe, et ne pourra passer à une classe supérieure, sans en avoir été jugé capable d'après un examen sérieux fait par le Recteur, ou en sa présence; et pour juger de celle dont chaque Ecolier sera capable, on fera deux fois l'année, c'est-à-dire vers le milieu et à la fin de l'année scolastique, un examen général de tous les Ecoliers de chaque classe, d'après lequel on déterminera ceux qui doivent avancer, rester, ou rétrograder de l'une à l'autre : cet examen sera fait en présence du Principal, et pour le rendre plus solennel et plus impartial, l'Evêque ou son Vicaire pourra députer un Ecclésiastique constitué en dignité pour y présider.

Art. 8.

L'année d'études commencera au 2 Novembre l'après-dîner, et comme il y a des classes dont les Ecoliers, comme moins avancés, ont besoin d'une application plus soutenue et moins interrompue, les grandes vacances ou féries commenceront en divers temps, selon la différence des classes; par exemple: pour les classes de Rhétorique et des Humanités, la veille de l'Assomption, et pour les deux de Grammaire, la veille de la Nativité de Notre-Dame.

Art. 9.

Quant aux vacances de chaque semaine, il paraîtrait plus à propos de donner un jour entier que deux demi-jours ; ainsi indépendamment des Dimanches et des fêtes, vacances de droit, le Jeudi sera un jour de repos pour chaque semaine, à moins cependant qu'il n'y eût une fête commandée par les loix du Diocèse le Mercredi ou le Vendredi, auquel cas elle tiendra lieu de la vacance du Jeudi.

Art. 10.

On pourra encore régler quelques vacances extraordinaires dans le courant de l'année, comme il se pratique dans la plupart des Collèges ; par exemple : le soir des veilles des grandes fêtes, pour que les Ecoliers aient plus de temps pour se préparer à s'approcher des Sacrements ces jours-là, ainsi que la Semaine Sainte en entier et les deux derniers jours du Carnaval.

Art. 11.

Pour les heures de l'ouverture des classes de chaque jour, tant le matin que le soir, ainsi que le temps de leur durée, le Recteur prendra à cet égard les ordres de l'Evêque pour les régler selon les circonstances qui peuvent se présenter.

TITRE III.

Du Principal ou Recteur.

ARTICLE PREMIER.

Le Principal ou Recteur du Collège sera toujours Prêtre, rien n'étant plus propre à inspirer du respect que le caractère Sacerdotal ; il devra être choisi avec grand soin, tout l'avantage qu'on peut espérer du Collège dépendant principalement de lui : il serait nécessaire qu'il fût d'un âge mûr et d'une grande prudence ; il est encore essentiel qu'il ait fait de bonnes études dans un Collège bien réglé pour être en état de diriger comme il convient tout l'enseignement.

ART. 2.

Il sera indispensablement le Supérieur et le chef de tous les Maîtres ; aussi les Ecoliers, ainsi que leurs Régents, seront strictement tenus de le respecter et de lui obéir en tout ce qui regardera la police du Collège.

ART. 3.

Le point le plus essentiel et l'objet le plus important de l'instruction de la jeunesse étant l'éducation Chrétienne, il aura une attention particulière à tout ce qui intéressera les bonnes mœurs, tant à l'égard des Maîtres que des Ecoliers, et sur cet objet sa juridiction s'étendra même hors du Collège.

Art. 4.

Il fera confesser chaque mois tous les Ecoliers indépendamment des grandes fêtes, et l'on pourra déterminer pour la confession le premier dimanche de chaque mois.

Art. 5.

Chaque Ecolier sera obligé de lui faire constater son exactitude à cet égard par un billet du Confesseur auquel il se sera adressé.

Art. 6.

Le Principal ou Recteur sera tenu de rassembler tous les Ecoliers chaque jour de fête et de Dimanche, le matin, pour les exercer aux devoirs de la Religion, comme la Messe, le petit Office de la Sainte Vierge, qui serait suivi de quelque instruction chrétienne sur l'Evangile ou le mystère du jour, et le soir, il leur fera le Catéchisme; les Maîtres seront tenus d'assister à ces exercices tant du matin que du soir, pour aider le Principal en tout ce qu'il jugera à propos de leur prescrire.

Art. 7.

Il devra dire lui-même, ou du moins faire dire chaque jour par les Maîtres qui seraient Prêtres, et chacun à leur tour, la Messe après la classe du matin: tous les Ecoliers devront y assister, les Professeurs ou Régents les y conduiront deux à deux et les feront ranger dans l'Eglise suivant l'ordre de leurs classes.

Art. 8.

Un des objets de l'attention particulière du Principal sera de s'assurer si les Ecoliers et les Maîtres se rendent exactement dans leurs classes aux heures indiquées, s'ils n'en sortent point avant le temps déterminé, et si le temps y est bien employé.

Art. 9.

Pour être plus a portée de connaître tous ces objets, et corriger tous les abus qui pourraient s'introduire, il visitera au moins une fois la semaine chacune des classes et s'en fera rendre compte souvent par chaque Régent.

Art. 10.

Lorsque quelqu'un d'eux se trouvera empêché de faire sa classe, ce qui ne pourra arriver que par quelque cas bien extraordinaire, le Principal sera tenu de la faire lui-même, ou de la faire faire par quelque Ecclésiastique capable autre que ceux déjà employés aux autres classes.

Art. 11.

Ce sera au Principal à determiner au commencement de chaque année les livres à enseigner et le plan particulier à observer dans les études de chaque classe.

Art. 12.

Il sera obligé de rendre compte, au moins une fois le mois, de l'état de son Collège à l'Evêque, ou, en cas d'absence, à son Grand-Vicaire et au Bureau, toutes les fois qu'il en sera requis.

Art. 13.

De tout ce qui pourra se passer d'extraordinaire, soit de la part des Ecoliers, soit de celle des Maîtres et qui demandera quelque remède prompt, il sera obligé d'en informer sur le champ l'Evêque ou son Grand-Vicaire.

TITRE IV.

Des Professeurs ou Régents.

Article Premier.

Il est convenable que tous les Régents ou Professeurs soient Ecclésiastiques ; il serait même mieux s'ils étaient tous revêtus de l'ordre de Prêtrise, cette qualité les obligeant à une plus grande décence de mœurs qui les rendrait conséquemment plus respectables et à un plus grand zèle à leurs devoirs, ce qui tournerait évidemment à l'avantage de leurs disciples ; on n'entend pas pour cela exclure les laïques qui se trouveraient capables.

Art. 2.

Il conviendrait qu'ils possédassent les deux langues Française et Italienne au moins à un degré suffisant ; mais cette connaissance est surtout d'une nécessité évidente pour celui qui devra donner des leçons de langue Française.

Art. 3.

Ils seront tenus d'avoir pour le Principal ou Recteur du Collège la déférence et la soumission convenable en tout ce qui concernera l'administration de leurs classes.

Art. 4.

Ils seront obligés de rendre compte, une fois chaque semaine, au Principal ou Recteur du progrès et de la conduite de chacun de leurs Ecoliers et de tout ce qui se passera dans la classe.

Art. 5.

Il ne leur sera pas permis de recevoir aucun étudiant que ceux qui en auront eu l'agrément du Principal.

Art. 6.

Ils ne pourront infliger par eux-mêmes aux Ecoliers délinquants la peine de l'exclusion, il n'y aura que le Principal qui pourra l'ordonner dans les cas les plus graves sur les plaintes qui lui auraient été portées par les Régents, sauf la délibération définitive du Bureau.

Art. 7.

Ils auront cependant le pouvoir d'infliger les peines convenables aux Ecoliers dont ils auront lieu d'être mécontents soit pour l'étude, soit pour la conduite ; mais ils ne se permettront jamais ni paroles outrageantes, ni mouvements de colère, parce qu'il est d'expérience que les punitions en semblables circonstances sont plus propres à diminuer le respect envers le Maître qu'à faire une impression salutaire sur les Ecoliers.

Art. 8.

Chaque soir des veilles des fêtes, ou Dimanches, et sans préjudice des exercices de Religion, dont le Recteur sera chargé comme il est dit ci-dessus, chaque Régent fera une heure de Catéchisme à sa classe ; il serait fort à propos encore qu'ils fissent apprendre de mémoire et réciter à leurs Ecoliers l'Epître et l'Evangile du lendemain.

Art. 9.

Trois fois par année, et à des époques à déterminer, comme avant le Carême, vers la Pentecôte, et un peu avant la clôture des classes, ils feront rendre compte publiquement à leurs Ecoliers ou à quelques-uns d'entr'eux de toutes leurs études en présence du Bureau.

Art. 10.

Il serait encore à désirer que les Régents et le Principal vécussent ensemble, tant pour éviter les inconvénients que leur dispersion peut occasionner, que pour avoir plus de facilité à s'entretenir des affaires du Collège et se communiquer réciproquement leurs vues et leurs lumières pour le plus grand bien de tous, et pour engager les Ecoliers à vivre avec eux.

TITRE V.

Des Ecoliers.

Article Premier.

Comme l'institution d'un Collège n'admet point qu'on n'y enseigne à lire et à écrire, il faudra établir pour préliminaire que, pour être admis dans la première Classe, il sera nécessaire que l'enfant présenté sache lire et écrire, ce qui sera facile à tous, attendu que par les soins de Nosseigneurs les Evêques, il y a peu d'endroits qui ne soit pourvu aujourd'hui d'une petite Ecole.

Art. 2.

Les parents qui désireront de faire admettre un enfant au Collège seront obligés de le présenter au Principal, qui après avoir examiné sa capacité, décidera s'il est dans le cas de l'être et dans quelle classe il doit être placé.

Art. 3.

Il serait à propos qu'il n'y eût que deux temps dans l'année où l'on pût espérer d'être admis au Collège, comme à l'ouverture des Classes, et à Pâques, pour éviter la confusion qui pourrait naître d'une trop grande liberté à cet égard.

Art. 4.

Quand un Ecolier aura été admis une fois au Collège, il sera obligé d'y être assidu, et ne pourra s'absenter de sa Classe sans être soumis à quelque punition, à moins que les excuses ne fussent bien légitimes, ce dont le Régent sera juge.

Art. 5.

Si un Ecolier y manquait souvent, ses parents en seront avertis par les soins du Régent, et successivement on le renverra à une classe inférieure, même on l'exclura tout à fait du Collège en cas d'incorrigibilité, avec les précautions toutefois dont on a déjà parlé ; la raison qui fait regarder cette sévérité comme bien nécessaire, est que sans l'assiduité à l'étude il est impossible d'y faire le moindre progrès, et que c'est là la source la plus commune du peu de profit que l'on voit retirer de certaines écoles d'où naissent si souvent des plaintes injustes envers les Maîtres, le tout cependant sans déroger à ce qui a été dit à l'égard de l'autorité du Bureau.

Art. 6.

Pour faire naître et pour entretenir l'émulation parmi les Ecoliers d'une même classe, il sera établi des places et des marques de distinction pour ceux qui réussiront le mieux dans chacun des objets de leurs études, et elles passeront ensuite à ceux qui surpasseront les premiers qui en auront été récompensés.

Art 7.

A la fin de chaque année, il sera fait un exercice public sur quelque matière relative aux études, après lequel il se fera une distribution de prix ou récompenses à ceux qui dans le courant de l'année auront obtenu le plus souvent les premières places et les distinctions dont il est question dans l'article précédent, et à cet effet le Régent de chaque Classe tiendra un registre exact de ces marques de mérite obtenues par chaque Ecolier.

Art. 8.

On regardera comme un cas de punition pour les Ecoliers et même d'exclusion du Collège, en cas de récidives trop fréquentes, de manquer aux exercices de Religion dont il est parlé ci-devant, ou de se comporter mal à la Messe, au Catéchisme, ou à la Congrégation.

Telles sont les observations qui ont paru les plus dignes d'être présentées et dont plusieurs ont besoin qu'on y pourvoye spécialement. Pour en assurer l'exécution, on a cru devoir négliger ici une infinité de détails faciles à imaginer, et sur lesquels l'exemple de tous les Collèges fournira aisément l'idée: comme ils sont la plupart subordonnés aux circonstances des lieux et des temps, l'observation du règlement sera attribuée au Bureau.

On ajoutera seulement ici une réflexion bien essentielle, c'est que pour donner aux Collèges le degré d'utilité que Sa Majesté veut procurer à la Nation, et qu'elle-même est en droit d'en espérer, il est nécessaire que les Maîtres qui les composeront soient très instruits, mais pour les avoir tels il faudra leur procurer un sort assez avantageux pour se flatter d'un grand succès, parce qu'en faisant de médiocres avantages on ne peut avoir que des Maîtres faibles, qui ne formeront que des élèves semblables à eux ;

Que chaque année, à l'ouverture des Ecoles, on fera lecture du présent règlement et de tout autre qui pourrait être rédigé dans la suite.

Sur quoi les Etats ont arrêté, sous le bon plaisir du Roi, que le présent règlement sera suivi dans tous les points, comme contenant tous les articles et objets qui peuvent établir une bonne méthode pour la direction des Collèges et qui répond au génie et aux vues de la Nation.

Après quoi la Séance a été remise à demain, 21 du courant, neuf heures du matin.

La présente Délibération a été signée tant par Mgr l'Evêque Président que par Mgrs les Evêques et Députés qui ont signé les précédentes de ce jour.

Séance du 21 Juin 1775.

Nosseigneurs les Commissaires du Roi, Mgrs les Evêques et Députés, ci-devant nommés, s'étant rendus à la Salle de l'Assemblée, Nosseigneurs les Commissaires du Roi ont dit qu'il avait été fait plusieurs demandes relatives à l'administration municipale sur lesquelles ils allaient annoncer à l'Assemblée les intentions de Sa Majesté.

La Piève d'Ajaccio a renouvelé la demande qu'elle a ci-devant faite tendante à ce que l'administration de l'Hôpital d'Ajaccio fût remise sur l'ancien pied, et confiée aux meilleurs sujets de la Ville, qu'à cet effet elle demandait qu'on lui remît la maison où cet Hôpital était établi, et qui est à présent occupée par l'Entrepreneur des Vivres, qu'elle fût réparée, et que tous les effets qui en ont été enlevés fussent restitués.

Nosseigneurs les Commissaires du Roi ont dit que, lorsque la Ville aura fourni un autre emplacement pour le service des Vivres, la maison de l'Hôpital lui sera rendue.

La Piève d'Olmi, Province de Calvi, a demandé une indemnité pour louage des bêtes de somme et de leurs conducteurs qui ont été employés, pendant deux ans, au transport des Vivres à Calenzana.

Nosseigneurs les Commissaires du Roi ont dit que ces transports n'ayant eu lieu que par la nécessité d'entretenir des Troupes dans cette partie, c'était à la Province seule à en supporter la dépense.

Les Pièves de Bonifacio et Portovecchio ont demandé d'être séparées de la Province de Sartene, de former une Province à part, et d'y tenir leur Assemblée particulière pour éviter les incommodités, les dangers et les frais de transport des Députés à Sartene.

Les Députés de la Piève d'Istria ont demandé que ce démembrement eût lieu par les mêmes raisons.

Les Députés d'autres Pièves, de la même Province, s'y sont opposés, et ont demandé d'être maintenus dans leur district.

Nosseigneurs les Commissaires du Roi ont dit que Sa Majesté n'avait rien à changer aux dispositions qu'elle avait faites à cet égard.

La Piève de Nonza, Province du Cap-Corse, a demandé d'être réunie à la Juridiction du Nebbio, attendu son éloignement de Rogliano, qui est la résidence du Juge du Cap-Corse, et la Province a agréé cette demande.

Nosseigneurs les Commissaires du Roi ont dit que Sa Majesté approuvait que cette demande fût portée à l'Assemblée des Etats pour en délibérer, et que, si elle y était adoptée, il en serait référé à M. le Garde des Sceaux pour y être pourvu.

Les Députés de la Piève de Tuani et le Podestat de Sainte-Catherine, Député de la Piève de Saint-André, Province de Balagne, ont demandé que le Village de Speloncato qui ne forme qu'une Paroisse pour le spirituel, ne formât aussi qu'une Communauté pour le temporel ; les autres Députés se sont opposés à cette proposition, eu égard au préjudice qui pouvait en résulter tant pour la Piève que pour le Piévan qui a le droit d'exiger la dîme dans le territoire de Sainte-Catherine. Sur quoi il a été arrêté qu'elle serait faite à l'Assemblée des Etats, à condition que cet arrangement ne porterait aucun préjudice à ceux des Curés qui pourraient avoir droit sur le territoire de Speloncato.

Nosseigneurs les Commissaires du Roi ont dit que Sa Majesté approuvait que cette demande fût portée aux Etats, et qu'elle leur permettait d'en délibérer sous la réserve faite par l'Assemblée de la Province.

Huit Députés de la Province de Calvi ont demandé la réunion des Provinces de Calvi et de Balagne sous la seule dénomination de la Province de Balagne, attendu qu'elles ne forment qu'une seule Juridiction, et que les corvées et autres charges publiques seraient moins sensibles, les frais d'administration moins considérables, et qu'il y aurait plus d'intimité entre les deux Provinces; ils ont de plus demandé que les deux Provinces réunies soient maintenues dans les droits et privilèges dont elles jouissent séparément.

Le Sieur Giubega, Député pour le Clergé, s'est opposé à cette demande sur ce qu'il n'avait point de pouvoir spécial pour la former.

Nosseigneurs les Commissaires du Roi ont dit que Sa Majesté n'avait rien à changer sur le district des Provinces.

La Province de Calvi a demandé qu'il fût permis de taxer toute sorte de comestible qui serait vendu par la seconde main, conformément à ce qui s'est toujours pratiqué par le passé, et que les Officiers Municipaux fussent autorisés à condamner les contrevenants aux amendes accoutumées, lesquelles seraient appliquées aux réparations de la Ville et du faubourg.

Nosseigneurs les Commissaires du Roi ont dit que toute taxe sur les comestibles éloignant nécessairement l'abondance, l'intention de Sa Majesté était que l'on s'en tienne à l'art. 9 de l'Edit du mois de Mai 1771 sur la police des Vivres.

La Piève de Luri, Province du Cap-Corse, a demandé qu'il fût défendu aux Patrons des bâtiments chargés de grains qui viennent dans les différents Ports du Cap-Corse, de ne pouvoir vendre leurs grains que cinq jours après leur arrivée, afin de donner au peuple le temps de se pourvoir de cette denrée.

Nosseigneurs les Commissaires du Roi ont dit que Sa Majesté avait rejeté cette demande, comme contraire à la liberté du commerce des grains établie par l'Edit du mois de Septembre 1774.

La Piève de Bozio, Province de Corte, a demandé : 1° Qu'il soit remédié aux abus qui se commettent sur le marché de la Ville de Corte, c'est-à-dire, qu'il soit libre à chaque particulier de vendre ses denrées depuis le lever jusqu'au coucher du soleil, quoique la barrière ne soit pas placée sur le marché ;

2° Que chaque la particulier aitliberté, après-midi sonné, d'enlever ses denrées du marché pour les vendre à qui et comme bon lui semblera, ou de les déposer dans une maison sans être tenu de les rapporter de nouveau au marché ;

3° Que chacun puisse vendre et acheter à quel prix il lui plaira sans que le préposé à la garde du marché puisse l'en empêcher, et qu'en cas de plainte on ait la faculté de les porter au Commandant de la troupe qui en déciderait.

Toutes ces demandes ont été rejetées par la Province pour ce qui regarde simplement la Police dont l'administration est confiée suivant l'Edit de Sa Majesté aux Officiers Mnnicipaux, sauf l'appel de leurs sentences et règlements à la Juridiction Royale et au Conseil Supérieur.

Nosseigneurs les Commissaires du Roi ont dit que Sa Majesté entendait que l'on maintînt les règles particulières à chaque Ville pour la tenue des marchés sous la police des Officiers Municipaux, et sauf l'appel.

La Piève de Castello, Province de Corte, a demandé que les bergers de ladite Piève qui, suivant le règlement de M. le Comte de Marbeuf, sont obligés de rester réunis, c'est-à-dire huit au moins dans chaque endroit, soient remis sur l'ancien pied, l'observation de ce règlement ayant occasionné la destruction des bestiaux, et cette règle ne subsistant d'ailleurs dans aucune autre partie de l'Ile que dans le Fiumorbo.

Cette demande a été rejetée par la Province en ce qu'elle concerne uniquement le Commandant en chef de l'Ile.

Nosseigneurs les Commissaires du Roi ont dit que l'Edit du mois d'Août 1772 concernant les Juntes Nationales enjoint aux bergers de faire élection d'un domicile, et d'y demeurer, et que l'intention de Sa Majesté était que les dispositions de cet Edit fussent exactement observées.

Sur quoi les Etats délibérant ont arrêté que, sous le bon plaisir du Roi, la Piève de Nonza comme trop éloignée de Rogliano, résidence ordinaire de la Justice Royale du Cap-Corse, serait démembrée de cette Juridiction quant à la judicature seulement, et qu'elle serait du ressort de celle du Nebbio, comme la plus à portée et la plus voisine ;

Qu'à l'égard des deux Communautés de Speloncato, Province de Balagne, leur réunion aurait lieu autant que l'une et l'autre y consentiront, autant que cela ne préjudiciera en aucune manière aux droits des décimateurs, et que dans le cas de contestation elles pourraient présenter leur mémoire aux Députés des Douze pour le rapport en être fait aux Etats prochains pour délibérer en conséquence ;

Qu'enfin pour ce qui concerne l'Hôpital d'Ajaccio les Administrateurs seront tenus se conformer aux Edits et ordonnances du Roi qui attribuent à Mgrs les Evêques le soin et l'inspection de ces établissements.

Et la présente Délibération a été signée tant par Nosseigneurs les Commissaires du Roi que par Mgrs Doria, Evêque d'Ajaccio, et Guasco, Evêque de Sagone, par MM. Meglia et Susini, Piévans, Antoni et Casalta, Députés Nobles, et par les Sieurs Giacobbi et Casanova, Députés du Tiers-Etat.

Par Nosseigneurs les Commissaires du Roi,
Signé : GIUBEGA.

Dudit jour 21 Juin 1775.

Nosseigneurs les Commissaires du Roi ont dit qu'ils allaient rapporter à l'Assemblée générale les demandes faites par les Pièves et les Provinces relativement à la Législation et déclarer les intentions de Sa Majesté sur chacune d'elles.

La Piève de Luri et la Province du Cap-Corse ont demandé l'abolition ou au moins la diminution des droits exigés pour les Patentes de Santé d'un Port de l'Ile à l'autre.

Nosseigneurs les Commissaires du Roi ont dit qu'il y sera pourvu par le règlement général que Sa Majesté est dans l'intention de rendre sur la Santé.

La Piève de Calvi a demandé l'établissement d'un Tribunal d'Amirauté à Calvi dont la Juridiction s'étendait depuis l'anse d'Ostriconi jusqu'à la pointe de Cavi-Rossi, les discussions entre les Patrons de bâtiments et Mariniers ne pouvant être terminées avec célérité par la distance qu'il y a de Calvi à Bastia, ce qui occasionne des frais et des retards dans les voyages, et en considération de ce que le Port de Calvi est le plus fréquenté, ainsi qu'on peut s'en convaincre par le registre des droits d'ancrage.

Nosseigneurs les Commissaires du Roi ont dit que Sa Majesté permettait que cette demande fût soumise à l'examen et à la délibération des Etats, et que si elle était admise, elle serait référée à M. l'Amiral.

La Piève d'Orto, Province de Bastia, a arrêté que Sa Majesté serait suppliée de fixer tel terme qu'il lui plairait pour les créances anciennes à répéter sur les débiteurs, attendu qu'il arrive que l'on forme journellement des demandes contre des particuliers qui n'ont aucune connaissance des créances dont leurs biens sont grevés, et que cela cause dans les propriétés un désordre également nuisible au Roi, à la Province et aux particuliers.

Nosseigneurs les Commissaires du Roi ont dit que Sa Majesté permettait que cette demande fût portée aux Etats pour en être délibéré si le chapitre 34 du Statut Corse est insuffisant à cet égard.

La Province de Bastia, et en particulier la Piève d'Ampugnani, ont demandé l'abolition du privilège des habitants de Bastia de pouvoir traduire devant le Juge de ladite Ville leurs débiteurs de quelque Juridiction qu'ils soient.

Et sur l'observation que cette demande avait déjà été décidée par Sa Majesté, l'Assemblée s'est réduite à demander qu'il plût au Roi donner à cette décision toute l'authenticité qui lui est nécessaire, et spécialement celle de la faire enregistrer dans toutes les Juridictions de l'Ile. Sur quoi les Députés de la Piève de Bastia ont demandé d'être reçus en opposition pour ce qui concerne les actions antérieures à l'époque à laquelle la Corse est passée sous la domination de Sa Majesté.

Nosseigneurs les Commissaires du Roi ont déclaré de la part de Sa Majesté que le privilège était supprimé

Les Pièves d'Aregno et de Tuani, Province de Balagne, ont demandé que le Juge Royal de Calvi siégeât six mois à l'Algajola, spécialement pendant l'hiver, ou qu'en cas que cette proposition ne fut pas agréée par Sa Majesté, elle daignât y nommer un autre Juge Royal.

Nosseigneurs les Commissaires du Roi ont dit que Sa Majesté n'avait rien à changer ni dans le district, ni dans la résidence des Tribunaux.

La Province de Balagne a demandé que les Assesseurs des Justices Royales soient supprimés, et que leurs appointements soient employés à ériger une nouvelle Juridiction à l'Algajola, et elle a chargé ses Députés de représenter le dommage qu'elle souffre de ce qu'il n'y a pas de Juge dans ladite Province.

La Piève d'Aregno a demandé que les Juges Royaux soient relevés tous les deux ans, et qu'à la fin de ces deux ans Sa Majesté daignât envoyer le nombre des Syndics qu'elle jugerait à propos pour recevoir les plaintes des peuples.

Nosseigneurs les Commissaires du Roi ont dit que ces deux demandes étaient refusées.

La Piève de Tuani, Province de Balagne, et la Piève d'Aiaccio ont demandé un tarif pour la fixation des honoraires des Notaires et des Esperts.

Nosseigneurs les Commissaires du Roi ont dit qu'il en serait rendu compte à M. le Garde des Sceaux.

Les Pièves de S. Pietro et S. Quilico, Province du Nebbio, ont demandé qu'il fût ordonné aux Notaires de transcrire leurs minutes originales dûment contrôlées et insinuées sur des registres selon l'ancien usage, et que ces registres fussent représentés tous les trois mois au Juge du Nebbio pour être vérifiés avec les minutes originales.

Nosseigneurs les Commissaires du Roi ont dit qu'il fallait se conformer à l'art. 4 de l'Edit du mois de Juin 1771 portant règlement sur la procédure civile, les actes des Notaires et les frais de Justice.

La Piève de Luri, Province du Cap-Corse, a demandé que les anciens protocoles de différents Notaires tant de la Piève que de la Province, actuellement déposés dans les archives de Bastia, soient remis à un Notaire de ladite Piève au choix de Mgrs les Commissaires du Roi pour que les habitants puissent y avoir recours toutes les fois qu'ils en auront besoin.

Nosseigneurs les Commissaires du Roi ont dit que les archives ne devaient point être dépouillées, et que les habitants du Cap-Corse pourraient également avoir recours à Bastia, qu'ainsi cette demande était rejetée.

La Piève de Tuani, Province de Balagne, a demandé que

l'ordonnance du Statut Criminel de Corse au sujet des mésus champêtres eût son exécution.

Nosseigneurs les Commissaires du Roi ont dit que l'intention de Sa Majesté était qu'on se conformât à l'Edit du mois de Juillet 1771, concernant les mésus champêtres.

La Piève de Calvi a représenté que, pour obvier à la négligence des Gardiens de son territoire, il serait nécessaire de leur accorder une portion de l'amende prononcée pour la dénomination des bestiaux qui causent du dommage, et d'augmenter même en cas de besoin celle prononcée au profit du Roi.

La Piève de Pino, Province de Calvi, a demandé que les Gardiens des campagnes pussent prendre leur part des amendes suivant le Statut Corse.

La Province de Sartene a demandé l'exécution du Statut Civil sur tout ce qui concerne les mésus champêtres, et que conformément à ce Statut personne n'ait le droit de s'emparer d'aucune grosse bête dans son bien lorsqu'il n'est pas clos.

Nosseigneurs les Commissaires du Roi ont dit que Sa Majesté avait prononcé que sur toutes ces demandes on devait se conformer aux dispositions de son Edit du mois de Juillet 1771 concernant les mésus champêtres.

La Piève de Tuani, Province de Balagne, a demandé que la Juridiction Ecclésiastique fût tenue d'observer la Bulle d'Innocent XI.

Nosseigneurs les Commissaires du Roi ont dit qu'il a été démontré à la Nation dans les Etats de 1773 que la taxe des Chancelleries Ecclésiastiques était moindre que celle de la Bulle d'Innocent XI, qu'en conséquence Sa Majesté défendait de renouveler cette demande.

La Piève de Saint-André, Province de Balagne, a demandé qu'il fût permis à chaque particulier de plaider dans sa propre cause.

Nosseigneurs les Commissaires du Roi ont dit que la permission qui fait l'objet de cette demande se trouvait accordée par les ordonnances et Edit de Septembre 1769 et Juin 1771.

La même Piève de Saint-André a demandé que les Podestats des Villages puissent juger jusqu'au principal de 100 livres.

Nosseigneurs les Commissaires du Roi ont dit que l'intention de Sa Majesté était que l'on suivît les dispositions de l'Edit du mois de Mai 1771 qui règlent la juridiction des Podestats.

La Piève de Pino, Province de Calvi, a demandé que la Justice fût administrée avec plus de sollicitude, et que le Statut Corse fût observé par les Juges supérieurs et ordinaires en tout ce qui regarde le Civil.

Sur quoi le Sieur Cattaneo, l'un des Députés, a dit que cette demande était sans fondement, déraisonnable et même calomnieuse si elle avait pour objet le Tribunal de Calvi où la Justice était rendue avec toute l'exactitude dont les causes étaient susceptibles, et où le Statut Civil était scrupuleusement observé; qu'en conséquence il serait observé aux Etats que l'allégation de la Piève de Pino est vaine à ces deux égards; qu'elle attaque l'exactitude et les principes constamment observés par le Conseil Supérieur qui maintient l'exécution du Statut Corse en toute son intégrité. Les autres Députés ont déclaré que la demande de la Piève de Pino n'avait point pour objet de critiquer le Tribunal de la Juridiction de Calvi, qu'ils étaient persuadés du zèle de ses Officiers, et qu'ils n'ignoraient pas la célérité avec laquelle les affaires y étaient expédiées.

Nosseigneurs les Commissaires du Roi ont dit que Sa Majesté enjoignait à la Piève de Pino de particulariser sa demande, et d'indiquer ceux contre qui elle est formée, en déclarant qu'elle serait responsable de son accusation; qu'au surplus ils avaient à annoncer aux Etats que des demandes aussi vagues ne devraient plus être admises.

La Piève de Talcini, Province de Corte, a demandé qu'il plût à Sa Majesté de faire un règlement pour que les procès en cause d'appel soient décidés promptement, ou au moins qu'ils ne soient pas prolongés au-delà du terme fixé par le Statut Corse; cette demande a été approuvée par la Province, avec la restriction qu'en parlant de la longueur des procès on entendait parler de ceux chargés de leur conduite et instruction, et non des personnes respectables préposées pour les juger.

Nosseigneurs les Commissaires du Roi ont dit que Sa Majesté décidait qu'on se référât à l'ordonnance sur la procédure Civile, sans se permettre d'y rien innover; qu'au surplus elle exigeait que la Piève particularisât sa plainte et articulât des faits, lui déclarant qu'elle sera garante et responsable de sa dénonciation.

La Province d'Ajaccio a demandé que les procès pendants tant à la Juridiction Royale qu'au Conseil Supérieur soient terminés dans un certain délai tel que celui de neuf mois au plus, en se conformant à cet égard au Statut Corse, et qu'il soit fait un règlement pour diminuer les frais et réduire les salaires exorbitants des Procureurs.

Nosseigneurs les Commissaires du Roi ont dit qu'il n'appartient pas à la Nation de prescrire un terme au cours de la procédure; que si on avait égard à une demande aussi indiscrète, elle se plaindrait bientôt du trop de précipitation dans les jugements.

La Piève de Saint-Quilico a chargé ses Députés de représenter que l'intérêt de la Province exigeait qu'il fût pourvu à une bonne administration de la Justice.

Nosseigneurs les Commissaires du Roi ont dit que Sa Majesté exigeait que cette demande fut particularisée, mais que la Piève demeurerait responsable de sa dénonciation.

La Piève de Pino, Province de Calvi, a demandé que les Huissiers qui sont gagés par les Communautés soient tenus de faire les commandements et assignations sans aucuns frais, ainsi que cela s'est toujours pratiqué dans la Piève et dans toute la Province.

Nosseigneurs les Commissaires du Roi ont dit que Sa Majesté déclarait que cette demande n'était pas juste, et qu'il fallait se conformer à l'art. 6 de l'Edit du mois de Mai 1771, concernant la Juridiction des Podestats et les fonctions des Huissiers.

La Province d'Aleria a demandé que les Officiers de la Juridiction fussent choisis, autant qu'il serait possible, parmi les sujets nationaux.

Nosseigneurs les Commissaires du Roi ont dit que Sa Majesté ne refuserait point d'y avoir égard, lorsqu'elle connaîtra des sujets capables.

La même Province d'Aleria a demandé que le Juge et le Procureur du Roi pussent autoriser les Officiers Municipaux, qui sont éloignés du siège de la Juridiction, à tenir les Assemblées des Parents pour nommer les Tuteurs afin d'éviter aux parties les frais et les voyages auxquels ces Assemblées donnent lieu.

Nosseigneurs les Commissaires du Roi ont dit qu'il n'était pas possible de changer les dispositions de l'Edit de Novembre 1770, sur les scellés et inventaires.

La même Province a demandé que le Tribunal de la Junte établie à Tallà fût transféré dans un endroit plus commode, et plus à portée, vu son trop grand éloignement des Communautés de son district et parce que ce Tribunal n'est pas à portée de pourvoir avec célérité au besoin qu'on peut en avoir.

Nosseigneurs les Commissaires du Roi ont dit que Sa Majesté aurait égard à cette demande autant que les circonstances le permettraient.

La Piève de Portevecchio, Province de Sartene, a supplié Sa Majesté d'accorder à la Noblesse Corse les mêmes droits et prérogatives dont jouissent les Nobles dans les autres Provinces de France, et cela pour le bien du service des Armées de Sa Majesté et pour l'honneur de ses nouveaux sujets Corses.

Nosseigneurs les Commissaires du Roi ont dit que Sa Majesté trouvait cette demande trop vague ; qu'au surplus elle déclarait que les privilèges de la Noblesse étaient et devaient être relatifs aux pays et aux coutumes des lieux.

Sur quoi les Etats délibérant ont jugé à propos d'arrêter que la demande de la Piève de Calvi, tendante à avoir en cette Ville un Tribunal d'Amirauté, comme celui de Bastia et Ajaccio, pour l'utilité et le bien de la Navigation et du Commerce, le Port de Calvi étant un des plus fréquentés de l'Ile, mérite toute l'attention du Gouvernement; qu'ainsi l'Assemblée générale, réunissant ses instances à celle de ladite Piève, supplie humblement Sa Majesté de vouloir bien accorder l'établissement du Tribunal demandé ;

Que la demande de la Piève d'Orto tendante à ce qu'il soit fixé un terme aux prétentions des Créanciers qui, en différant trop longtemps d'exercer leurs créances, dépouillent les héritiers des débiteurs qui ignorent la dette ou les payements faits par leurs auteurs, serait soumise à l'examen des deux Membres de la Commission des Douze en exercice, après avoir consulté quelque Jurisconsulte, dresseront un Mémoire sur le parti qu'il y aura à prendre pour éviter les inconvénients annoncés, si toutefois le Statut de Corse au Chapitre 34, n'y pourvoit suffisamment.

La présente Délibération a été signée tant par Nosseigneurs les Commissaires du Roi que par Mgrs les Evêques et Députés qui ont signé les précédentes.

Dudit jour 21 Juin 1775.

Nosseigneurs les Commissaires du Roi ont dit que quelques Pièves et Provinces avaient formé des demandes relatives à l'Instruction publique à la plus grande partie desquelles il avait déjà été répondu lorsqu'ils avaient fait connaître à l'Assemblée les intentions de Sa Majesté sur cet objet intéressant, qu'ils allaient cependant rappeler ces demandes et annoncer les décisions du Roi sur chacune d'elles.

Les Pièves d'Orto et de Rostino, Province de Bastia, ont demandé qu'il plût à Sa Majesté de donner des ordres pour l'établissement des Collèges.

Celles d'Aregno et de Tuani, Province de Balagne, ont demandé l'établissement d'un Collège à l'Algajola ;

Et la Province de Calvi à chargé ses Députés de représenter le dommage qu'elle souffrirait, si on lui ôtait les fonds qu'elle avait pour l'institution d'un Collège, qui, d'après la délibération de la dernière Assemblée des Etats, devait être établi à Calvi, quoique, l'année précédente, la même Assemblée eût délibéré qu'il serait fixé à l'Algajola.

Nosseigneurs les Commissaires du Roi ont dit qu'il avait été répondu à ces demandes par les dispositions qu'ils avaient annoncées aux Etats sur le nombre des Collèges à établir actuellement.

La Pièvre de Bigorno, Province de Bastia, a demandé le rétablissement d'un Séminaire à Bastia.

Nosseigneurs les Commissaires du Roi ont dit que Sa Majesté demandait qu'on lui fît connaître en quoi consistait l'établissement d'un Séminaire à Bastia, qu'ainsi il était nécessaire de fournir un Mémoire détaillé sur cet objet.

Les Pièves d'Ajaccio et de Bonifacio ont demandé qu'il fût établi dans chacune de ces deux Villes des Ecoles pour apprendre à lire et écrire, des classes pour la Langue Latine, la Rhétorique et la Philosophie.

La Province de Sartene a demandé qu'il fût établi une école générale et publique dans la Province de la Rocca.

Nosseigneurs les Commissaires du Roi ont dit que ces deux demandes entraient dans le plan général de l'Instruction publique dont on devait s'occuper aux Etats conformément aux intentions de Sa Majesté.

La Pièv̀e de Scopamene, Province de Sartene, demande d'être autorisée à retenir dans chaque Communauté de son district le quart des dîmes que l'on paye au Séminaire d'Ajaccio, pour subvenir à l'entretien d'un maître d'école dans les Communautés.

Nosseigneurs les Commissaires du Roi ont dit que Sa Majesté avait rejeté cette demande.

La Pièv̀e de Carbini, même Province, a demandé qu'il fût établi une école de droit dans la Province.

Nosseigneurs les Commissaires du Roi ont dit que pour le présent on manquait des moyens propres à cet établissement.

Les Etats ont témoigné toute la soumission qu'ils devaient aux réponses et décisions de Sa Majesté qui venaient de leur être annoncées.

Et la présente Délibération a été signée comme ci-dessus.

Dudit jour 21 Juin 1775

Nosseigneurs les Commissaires du Roi s'étant retirés, Mgr l'Evêque Président a dit qu'une des matières renvoyées à l'examen du Comité présidé par M. l'Abbé Santini, nommé à l'Evêché du Nebbio, était la réduction des poids et mesures, et que l'Assemblée recevrait avec plaisir le projet qui a été dressé sur cet objet.

Sur quoi M. l'Abbé Santini a dit que la briéveté du temps n'a pas permis à la Délégation de se livrer à un travail long et détaillé à cet égard, que néanmoins elle a fixé son attention sur les objets suivants :

1º Que dans toute la Corse il convenait de faire usage du bachin qui était la mesure ordinaire ;

2º Que pour obvier aux fraudes, le bachin dont on se sert actuellement à Bastia serait commun et uniforme dans toute l'Ile, marqué au dedans, sur le fonds, en dehors, sur la circonférence et sur les bords ;

3º Que pour avoir un poids sûr et égal en toute l'Ile les balances seraient réglées au poids de marc ;

4º Que le cadastre général une fois terminé, si la dénomination de mezinade devait subsister pour l'arpentage des terres, il conviendrait de la régler par une dimension fixe ;

Que la mesure du vin et de l'huile serait réglée, savoir : le vin par bocal et l'huile par quarte, et que le quarte et le bocal de Bastia serviraient de modèle pour toutes les autres Communautés de l'Ile.

Sur quoi la matière mise en Délibération, les Etats ont arrêté que le projet de règlement indiqué par le Comité pour les poids et mesures serait observé dans toute l'Ile sous le bon plaisir du Roi.

Et la présente Délibération a été signée tant par Mgr l'Evêque Président que par Mgrs les autres Evêques et Députés qui ont signé les précédentes.

Dudit jour 21 Juin 1775.

Monseigneur l'Evêque Président, Mgrs les autres Evêques et Députés ont observé que toutes les dispositions favorables de Sa Majesté pour le bonheur de cette Nation paraissaient encourager l'Assemblée générale à mettre sous les yeux du Roi, les demandes qui pourraient le mieux remplir ses vues bienfaisantes ; qu'il était certain que les ressources les plus précieuses d'un Etat étaient le commerce et l'agriculture, que cette seconde partie commençait à être en activité, et qu'à l'aide de la main secourable du Gouvernement on avait lieu d'en espérer des progrès rapides ;

Qu'on ne pouvait pas en dire autant du commerce qui va fort lentement, que les droits d'entrée et sortie établis en Corse devaient nécessairement en retarder l'extension ; qu'il serait possible, sans préjudicier aux droits du Monarque à qui ce Peuple a le bonheur d'appartenir, de concilier les avantages de cette Ile ;

Que d'après ces raisons les Etats suppliaient très respectueusement Sa Majesté de prendre en considération s'il ne serait pas avantageux d'affranchir la Corse de tout droit de Douane, et d'en faire un Port franc pour toute sorte de marchandises provenantes de quelque endroit que ce soit. Que ce serait un moyen sûr de rendre la Corse florissante et d'en faire en même temps un objet d'envie pour les Provinces voisines d'Italie. Que pour indemniser le Trésor Royal de cette gracieuse concession, la Corse s'obligerait de suppléer par les moyens qu'elle croirait les plus convenables et les plus équitables au remplacement de la somme que rapportent actuellement les droits de Douane en Corse, déduction faite de tous les frais des Commis employés à cette administration ;

Que pour mieux encourager l'agriculture, Sa Majesté daignât accorder à tous les étrangers qui viendraient s'établir en Corse, la franchise et l'exemption de toute imposition réelle et personnelle et particulièrement de toutes corvées ;

Que dans les Communautés où ces nouveaux habitants s'établiraient, ils puissent jouir indistinctement des mêmes privilèges dont jouissent les autres habitants ;

Qu'il plaise à Sa Majesté d'autoriser les Etats prochains à nommer tel nombre de Jurisconsultes qu'elle croira nécessaire pour fournir des Mémoires sur les lois civiles auxquelles le Statut Corse n'a pas pourvu, et qu'elles soient analogues aux coutumes et aux besoins du pays pour qui elles doivent être rédigées ;

Que Sa Majesté daigne laisser jouir à la Corse du titre de Royaume qu'elle a toujours eu, que ce titre lui a été accordé non seulement par la plus grande partie des Souverains de l'Europe, mais même par ses Prédécesseurs de glorieuse mémoire.

Qu'elle veuille bien décorer la Salle de l'Assemblée des Etats du don précieux de son portrait ;

Que les enfants des Nobles Corses, quoique leurs pères ne fussent point militaires, puissent être admis à l'Ecole Militaire de Paris, et au Collège de la Flèche par la raison que la Corse n'étant soumise à la France que depuis six ans, les Gentilshommes Corses n'ont pu avoir l'honneur de servir Sa Majesté avant cette époque, à l'exception de quelques Officiers du Régiment Royal Corse ;

Qu'elle daigne accorder la même grâce et étendre le même privilège aux filles nobles pour être placées au Couvent de Saint Cyr ou dans quelque autre Couvent de France.

La présente Délibération a été signée comme ci-dessus.

Dudit jour 21 Juin 1775

Monseigneur l'Evêque Président a dit que, pendant la tenue des Etats de cette année, on a fait un rapport continuel d'établissements utiles et de concessions avantageuses ; qu'il croirait faire tort à la noblesse des sentiments de l'Assemblée générale s'il entreprenait d'exciter sa reconnaissance en cette occasion ;

Que les Etats ne peuvent ignorer combien M. le Comte de Marbeuf et M. de Boucheporn ont contribué à l'obtention de ces grâces ;

Que c'est une continuation du zèle et de l'attachement inviolable de M. le Comte de Marbeuf pour cette Ile, et qu'il en a donné des preuves authentiques par des opérations qui répondent entièrement à l'attente publique ;

Que la délicatesse et la noblesse des sentiments du nouvel Intendant, le zèle et les lumières avec lesquelles il remplit les fonctions de son ministère sont pour notre Nation un nouveau motif de consolation et une nouvelle assurance de notre félicité ;

Qu'il conviendrait de charger les Députés à la Cour de remercier particulièrement M. le Contrôleur Général d'avoir procuré à la Nation un chef d'administration aussi actif, aussi zélé et aussi vertueux ;

Que pour donner un témoignage plus authentique des sentiments des Etats pour Nosseigneurs les Commissaires du Roi il serait à propos de nommer une Députation chargée d'aller leur présenter notre estime et notre gratitude pour toutes les démonstrations d'amour et d'attachement qu'ils ont fait éclater pour cette Nation.

Sur quoi la matière mise en délibération, il a été arrêté que la Députation aurait lieu, et qu'elle serait composée de Mgr Cittadella, Evêque du Nebbio, nommé à l'Evêché d'Accia et de Mariana, de MM. Alberti et Susini, Piévans, Casabianca, Costa et Poli, Députés Nobles, Biguglia, Casanova et Ferdinandi, Députés du Tiers-Etat, et qu'elle témoignerait à Nosseigneurs les Commissaires du Roi, comme interprètes du cœur de l'Assemblée générale, l'estime et la reconnaissance dont elle est pénétrée pour leur zèle et leurs vertus.

Il a été arrêté en outre que les Députés à la Cour remercieraient respectueusement Mgr le Contrôleur général d'avoir donné un Intendant qui mérite par son intégrité la considération générale et l'attachement de tout le monde;

Que les mêmes remercîments seraient faits par MM. les Députés à Mgr le Maréchal du Muy, Ministre de la Guerre, pour la justice, le zèle et l'activité de M. le Comte de Marbeuf pour qui toute la Nation est pénétrée d'amour et de respect.

Ensuite de quoi la Députation s'étant acquittée de sa commission, et s'étant rendue à la Salle de l'Assemblée, Mgr l'Evêque Cittadella a dit que Nosseigneurs les Commissaires du Roi étaient pénétrés de la plus vive reconnaissance des sentiments des Etats à leur égard, et qu'ils avaient fait connaître qu'ils saisiront toujours avec plaisir toutes les occasions où ils pourraient être utiles à cette Nation qu'ils regardent comme la leur propre; qu'ils ne désiraient rien plus ardemment que de pouvoir contribuer à tous les avantages dont cette Ile est susceptible.

Et la présente Délibération a été signée comme ci-dessus.

Dudit jour 21 Juin 1775

Les Députés de la Province de Balagne ont dit que, dans la Séance du 30 Mai dernier, leur Province a été augmentée de sept mille trois cent quarante-trois livres, quatre sous en sus de ses déclarations de l'année 1772 à 1773 ;

Que cette augmentation a été réglée dans la supposition que les produits déclarés ne se montaient qu'à sept mille six cent cinquante-six livres, seize sous ;

Qu'ayant, depuis, vérifié les produits de chaque Communauté de cette Province, on a trouvé que celle de Belgodere, qu'on croyait imposée pour les deux vingtièmes de ses déclarations à trois cent soixante-huit livres, dix-sept sous, avait effectivement déclaré huit cent soixante-huit livres, dix-sept sous pour la Subvention de la susdite année ;

Que cette erreur reconnue devait procurer à la Province de Balagne, qui est déjà assez grevée, une diminution proportionnée.

Les Députés d'Ajaccio ont observé que plusieurs bergers de Bocognano, ayant fait paître leurs bestiaux dans le territoire d'Alata, leurs produits ont été portés sur le rôle de cette Communauté, lorsque les mêmes bergers ont déclaré et payé à la Communauté de Bocognano ;

Que cette erreur ayant été vérifiée, la Communauté d'Alata devrait être déchargée de cent cinquante livres, montant des produits qu'elle n'a pas recouvrés, et dont elle ne peut pas prétendre le recouvrement, si le payement en a été fait à Bocognano.

Sur quoi, la matière mise en délibération, il a été arrêté que les cinq cents livres qu'on trouve dans le rôle de la Communauté de Belgodere en sus des trois cent soixante-huit livres, portées dans l'état général, seront déduites au marc la livre sur les sept mille trois cent quarante-trois livres, quatre sous dont la Province de Balagne a été augmentée ;

Que la Communauté d'Alata sera déchargée de cent cinquante livres dont elle est débitrice pour l'erreur faite à l'occasion des déclarations des bergers de Bocognano.

Et la présente Délibération a été signée comme ci-dessus.

Dudit jour 21 Juin 1775

Quelques Députés de l'Assemblée Générale ont dit que Mgr l'Evêque d'Aleria accordait des dispenses pour les mariages à un certain degré de parenté et d'affinité ;

Que par ce moyen les mariages se faisaient avec plus de facilité, les scandales étaient plus rares et les frais beaucoup moins considérables ;

Qu'il serait à souhaiter pour le bien de la Nation que les autres Evêques de la Corse suivissent son exemple; que puisque cette Ile est réunie à l'Eglise Gallicane, le privilège dont l'Evêque d'Aleria fait usage devrait être commun à tous les autres Diocèses.

Sur quoi les Etats délibérant ont arrêté que Sa Majesté serait très humblement suppliée d'inviter Mgrs les Evêques de la Corse à suivre l'exemple de leur confrère et des autres Evêques de France, en accordant des dispenses pour certains degrés de parenté afin de faciliter les mariages, et pour éviter les dépenses et voyages auxquels se trouvent souvent exposés les particuliers qui doivent les solliciter à la Cour de Rome, et enfin si ce privilège n'était pas de leur compétence, à le solliciter du Saint-Siège Apostolique.

Et la présente Délibération a été signée comme ci-dessus.

Dudit jour 21 Juin 1775

Le Prévôt de l'Eglise Paroissiale de Saint Jean-Baptiste de Bastia a représenté que, quoiqu'il se sût engagé par contrat avec les deux Membres de la Députation des Douze à orner l'église, la pourvoir de cire, d'ornements et de musique, le jour de l'ouverture et celui de la clôture de l'Assemblée des Etats, la seule dépense de la musique se montait à cent deux livres ;

Que, quoique l'Assemblée eût soustrait de ce compte la somme de trente-deux livres, cette déduction à laquelle les Musiciens refusent d'acquiescer, ne suffirait pas pour le mettre à couvert de toutes les dépenses ;

Que, quoique à la rigueur il ne puisse rien prétendre au delà du terme de son contrat, il espère que l'Assemblée Générale, excitée par les sentiments d'équité dont elle est animée, ne voudrait pas qu'il fût lésé dans ce contrat.

La Confrérie de Saint-Roch a représenté également qu'elle a fourni, pendant toutes les Assemblées Générales, ses tapisseries en velours et damas pour l'ornement de la Salle, que l'usage qu'on en fait lui cause un dommage considérable, qu'elle espère que les Etats voudront bien penser à indemniser leur église.

Sur quoi les Etats délibérant ont arrêté qu'on payerait au Sieur Prévôt de Saint Jean-Baptiste quarante-huit livres, à chaque tenue d'Assemblée, outre les cent quatre-vingt-dix qu'on avait accordées par le contrat ci-dessus énoncé ;

Que les Prieurs de l'Oratoire de la Conception au moyen de l'augmentation de soixante-quinze livres, pour chaque tenue d'Etats au-delà des trois cent vingt-cinq livres, accordées par la délibération du 29 Novembre 1773, seraient tenus de satisfaire ceux qui fourniront des tapisseries à la Salle de l'Assemblée.

Et la présente Délibération a été signée comme ci-dessus etc.

Dudit jour 21 Juin 1775.

Monseigneur l'Evêque Président a dit que, suivant le projet proposé pour les quatre Collèges, la Grammaire, les Humamanités et la Rhétorique seraient les seules classes qui y devaient être établies, et que, quoique la langue Française doive former un des objets de l'éducation, il n'y sera point affecté pour cela de professeur particulier, mais que celui de Grammaire devra s'occuper de l'un et de l'autre objet;

Qu'en conséquence les Sieurs Abbés d'Astier, l'un desquels était Professeur de Philosophie et l'autre Professeur de langue Française ne peuvent plus continuer leurs fonctions, d'autant plus que la modicité des appointements, réglés pour les Professeurs des Collèges, ne leur fournirait pas une subsistance honnête;

Que pour donner une preuve de reconnaissance aux Sieurs d'Astier du zèle qu'ils ont apporté à remplir les devoirs de leur état, il invitait l'Assemblée à réclamer les bons offices de Mgr le Maréchal du Muy auprès du Ministre chargé de la feuille de Bénéfices pour leur procurer quelques secours.

Sur quoi la matière mise en délibération, les Etats ont jugé à propos d'écrire à Mgr le Maréchal du Muy en faveur des Sieurs Abbés d'Astier ainsi qu'il suit:

Monseigneur,

Suivant le nouveau plan d'études, projeté pour les Collèges de Corse, les honoraires des basses classes seront si modiques qu'il ne sera guères possible d'y employer des Professeurs étrangers ; il s'ensuit delà que les Sieurs Abbés d'Astier dont l'un était Professeur de Philosophie et l'autre Professeur de langue Française au Collège de Bastia n'y pourront plus continuer leurs exercices.

La manière distinguée avec laquelle ces deux Ecclésiastiques se sont comportés leur a mérité notre estime et elle excite même notre reconnaissance. Nous ne pouvons pas, Monseigneur, leur en donner un témoignage plus authentique que de réclamer en leur faveur vos bons offices auprès du Ministre chargé de la feuille des Bénéfices. Nous regarderons comme une grâce particulière pour nous les secours que votre protection leur procurera.

Nous avons l'honneur d'être avec le plus inviolable et le plus respectueux attachement etc.

Après quoi la Séance a été remise à demain, 22 du courant, neuf heures du matin.

Et la présente Délibération a été signée comme ci-dessus.

Séance du 22 Juin 1775

Nosseigneurs les Commissaires du Roi, Mgrs les Evêques et Députés ci-devant nommés s'étant rendus à la Salle de l'Assemblée, Nosseigneurs les Commissaires du Roi ont dit qu'ils allaient annoncer les volontés de Sa Majesté sur les demandes relatives aux Domaines et aux Bois.

La Piève de Sorroinsù a exposé que la Province de Vico avait le droit immémorial de pacage sur les terres ouvertes de Paomia, la Solana del Pero et Piano Camerale sans être assujettie à aucune sorte de loyer ou de contribution, elle a demandé en conséquence d'être maintenue dans ce droit attendu l'impossibilité de faire vivre autrement ses bestiaux.

Nosseigneurs les Commissaires du Roi ont dit que cette demande déjà présentée sous plusieurs faces différentes, et rejetée dans les précédentes Assemblées, était dans le cas d'être approfondie de manière à ne plus y revenir :

Que le territoire de Paomia allait être partagé entre la colonie Grecque et les habitants de Renno auxquels on en avait donné une partie en échange de Cargese et de l'Ombriccia del Pero ;

Que, conformément aux dispositions de l'Edit de Juillet 1771 sur la police des Campagnes, chaque propriétaire aura le droit de clore son bien qui serait affranchi de tout droit de parcours tant qu'il resterait en état de clôture; mais que ce droit de parcours sera exercé, hors les temps défendus, sur les terres ouvertes ; que si c'était ainsi que la Pièvre de Sorroinsù l'entendait, sa demande était accordée ;

Que cette demande s'appliquait à ce que le Sieur Colonna de Vico possède dans Paomia en vertu de l'échange fait avec lui pour Cargese, et de même à la Piana Camerale qui fait partie de cet échange ;

Que ce sont pour lui des biens qu'il est le maître de clore conformément à l'Edit; qu'il est de même pour ceux qui possèdent actuellement le territoire de la Solana del Pero dont la propriété est en litige entre le Domaine et plusieurs particuliers; qu'indépendamment de ces territoires sur lesquels les habitants de la Pièvre de Sorroinsù peuvent exercer le droit de parcours dans les terres ouvertes, il y a encore ceux de Revida et de Salogna dont Sa Majesté n'a pas jusqu'ici disposé, et qui peuvent être une ressource pour leurs bestiaux dans les quartiers qui restent communs en vertu du Chapitre 39 du Statut Civil; et que Sa Majesté annonçait, que dans la disposition qu'elle se réservait d'en faire, quand elle le jugera à propos, elle aurait égard non seulement aux droits, mais aux intérêts réels et aux vœux raisonnables des Communautés voisines.

La Piève de Calvi demande que la Ville de Calvi soit réintégrée dans la possession du tiers de la pêche appelée la Cala piscatoria qu'elle prétend lui appartenir.

Nosseigneurs les Commissaires du Roi ont dit que cette prétention avait déjà été discutée et jugée par arrêt du Conseil du 5 Décembre 1774; que Sa Majesté avait confirmé la réunion de la Cala piscatoria à son Domaine, et avait en même temps fait don à perpétuité à la Communauté du tiers du produit net de la dite pêche.

Sur quoi Nosseigneurs les Commissaires du Roi ont observé que si Sa Majesté exerce à la rigueur en Corse les droits de son Domaine, c'est pour rétablir l'ordre, et dans la vue d'user desdits droits de la manière la plus utile au pays. Que ce qui prouve encore mieux ses intentions bienfaisantes, c'est le don qu'elle a fait, pendant six ans, du quart de la même pêche pour être employé aux réparations de la Cathédrale de Calvi.

La même Pième de Calvi a demandé qu'il plût au Roi d'ordonner le déssèchement de l'étang dit le Stagnone, et d'un marais appelé la Pagliazza qui, outre qu'il resserre son territoire, corrompt encore l'air dans le voisinage de Calvi.

Nosseigneurs les Commissaires du Roi ont dit qu'en exécution des ordres de Sa Majesté, un Géomètre de l'Intendance a levé le plan et dressé le devis des ouvrages à faire pour dessécher cet étang et ce marais. Que, comme le fond du marais de la Pagliazza appartient à Mgr l'Evêque de Sagone, Sa Majesté lui a fait offrir de lui faire remettre des deniers de la Caisse Civile la somme portée par le devis, s'il voulait entreprendre à ses risques ce dessèchement qui sera à son profit;

Qu'à l'égard de l'étang de Stagnone, les moyens proposés pour le mettre hors d'état de nuire n'ayant pas été assez clairement expliqués, Sa Majesté a ordonné de nouvelles recherches sur lesquelles elle statuera, ce qui sera utile et praticable.

La Pièvo d'Orto, Province de Bastia, a demandé d'être réintégrée et maintenue dans le droit qu'elle prétend avoir de pêcher sur l'étang de Biguglia, avec des canots et des lances.

Nosseigneurs les Commissaires du Roi ont dit que, comme le Subdélégué de l'Intendance l'avait observé dans l'Assemblée Provinciale, cette affaire était contentieuse entre le Domaine et les habitants de la Pièvo, et qu'elle devait être portée devant les Juges ordinaires ;

Qu'ils observaient, à cette occasion, que l'étang de Biguglia en couvrant une partie de la plaine qui l'environne, déposait des eaux stagnantes, qui dans le temps des chaleurs se corrompaient et produisaient des exhalations dangereuses, que l'unique moyen d'en prévenir les funestes effets était d'ouvrir plusieurs communications de cet étang à la mer, et de desécher la plaine en abattant les bois, et en ouvrant des fossés pour faciliter l'écoulement des eaux, mais que ces opérations demandaient des dépenses considérables qui absorberaient le produit de l'étang pour plusieurs années ;

Que Sa Majesté n'avait pas hésité cependant à faire le sacrifice de six années du produit de cet étang, à condition que M. Buttafoco se chargerait de faire tous les travaux jugés nécessaires par les personnes de l'art et demandés par les habitants du Pays ;

Que le Roi avait également autorisé les mesures qui ont été proposées relativement à l'étang salé, à l'étang *delle Saline*, près d'Ajaccio, l'étang d'*Inferno*, au marais de Saint-Florent, enfin à toutes les parties de l'Ile qui sont réputées nuire à la salubrité de l'air, et que Sa Majesté était déterminée de faire faire à cet égard tous les travaux qui seraient nécessaires.

La Pièvo de Saint-André, Province de Balagne, et celle de

Pino, Province de Calvi, ont demandé d'être maintenues dans le droit de propriété et d'usage de la forêt de Milaja; la Province de Balagne s'est réunie à cette demande pour requérir que les habitants puissent prendre dans ladite forêt, sans rien payer, les bois nécessaires pour la reconstruction de leurs maisons.

Nosseigneurs les Commissaires du Roi ont dit que Sa Majesté a fait réunir à son Domaine la forêt de Milaja, attendu ses titres de propriété, et qu'elle en fera de même de toutes celles sur lesquelles les particuliers ou les Communautés ne produiront point de titres valables; mais que ces réunions qui ont pour objet de soustraire aux dévastations du premier occupant les forêts de l'Ile, bien loin de nuire à l'intérêt des Communautés, elles leur assureront des ressources et les leur ménageront pour leurs besoins réels et reconnus; que les Officiers des Bois sont actuellement chargés de faire la visite et reconnaissance de la forêt de Milaja, d'examiner non seulement les prétentions des Communautés riveraines, mais encore les avantages qu'elles peuvent en retirer, et que sur le rapport desdits Officiers, Sa Majesté prendra le parti qu'elle jugera le plus convenable, et certainement le plus utile à ces Communautés.

Après quoi Mgrs les Evêques, tant conjointement que séparément, ont protesté contre tout ce qui pourrait avoir été dit, fait, proposé, ou délibéré pendant la tenue de cette Assemblée Générale de contraire aux immunités, privilèges, droits et prérogatives tant de l'ordre Episcopal que du Clergé, et ont déclaré qu'ils entendaient qu'il n'y fût porté aucun préjudice ni directement, ni indirectement, qu'ils resteraient et demeureraient intacts et dans le même état en tout et ainsi que ceux du Clergé de France dont celui de Corse fait partie; qu'en conséquence ils s'opposaient et protestaient contre toutes les délibérations contraires à leurs immunités.

Après quoi Nosseigneurs les Commissaires du Roi ont demandé s'il y avait encore quelques propositions à faire.

Les Etats ayant fait connaître qu'il n'y avait plus rien à proposer, le présent procès-verbal, après avoir été lu et publié, l'Assemblée séante, a été clos et arrêté.

Après quoi Mgr Doria, Evêque Président, a dit etc.

Et M. de Pietri, Membre de la Commission des Douze, a dit etc.

La présente délibération a été signée tant par Nosseigneurs les Commissaires du Roi que par Mgrs Cittadella, Evêque du Nebbio, nommé à l'Evêché de Mariana et Accia, l'Abbé Santini, nommé à l'Evêché du Nebbio, par MM. Quilici et Poletti, Piévans, Belgodere de Bagnaja et Costa, Députés Nobles, Flach et Limarola, Députés du Tiers-Etat.

Par Nosseigneurs les Commissaires du Roi,
Signé : GIUBEGA.

www.ingramcontent.com/pod-product-compliance
Lightning Source LLC
Chambersburg PA
CBHW070631170426
43200CB00010B/1972